PETITE HISTOIRE

D'ESPAG

PAR M. VAL. PARISOT
Professeur d'Histoire au Collége royal de Versailles

: broché, 20 cent.; cartonné, 25 cent.

A PARIS
CHEZ L. HACHETTE
LIBRAIRE DE L'UNIVERSITÉ ROYALE DE FRANCE
Rue Pierre-Sarrazin, nº 12

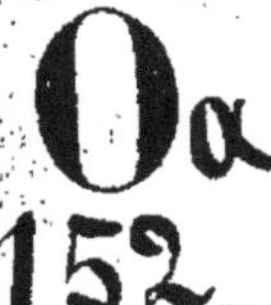

PETITE HISTOIRE
D'ESPAGNE

PAR

M. VAL. PARISOT,
Professeur d'histoire au Collége Royal de Versailles.

PRIX: **broché, 20 cent.; cartonné, 25 cent.**

Paris
CHEZ L. HACHETTE
LIBRAIRE DE L'UNIVERSITÉ ROYALE DE FRANCE
Rue Pierre-Sarrazin, 12.
1840

TABLES DES CHAPITRES.

Imprimerie d'Amédée Gratiot et Ce, rue de la Monnaie, 11.

PETITE HISTOIRE

D'ESPAGNE.

§ 1. Première époque ; les indigènes.

Espagne vient du mot ancien *Hispania;* mais l'*Hispanie* était plus grande que l'*Espagne*, c'était l'*Espagne plus le Portugal*. Les poëtes l'ont souvent nommée *Ibérie*, des *Ibères* ses principaux habitants, ou du fleuve *Ibère* (*Ebre*) qu'ils connaissaient le mieux, et *Hespérie* (ou *Occident*), vu sa position à l'ouest de l'Europe.

Vieilles traditions. Suivant les Grecs, *Hercule* et *Ulysse* visitèrent l'Hispanie. Le premier y ravit au roi *Géryon* ses superbes troupeaux de bœufs, sépara les monts *Abyla* et *Calpé*, qui prirent le nom de *Colonnes d'Hercule*, et, en faisant couler la mer entre l'Hispanie et l'*Afrique*, forma le *détroit d'Hercule* (dit ensuite de *Gadès* et aujourd'hui de *Gibraltar*) ; le second avait fondé *Lisbonne* (*Ulyssipo*) à l'embouchure du *Tage*. Ces deux récits sont faux. — Quant aux indigènes, ils disaient qu'à la suite d'une sécheresse de trente ans un immense incendie avait déboisé la Péninsule entière et mis en cendres jusqu'aux plus vieilles forêts des *Pyrénées*, tandis qu'un tremblement de terre ouvrait passage à l'Océan jusqu'à la *Méditerranée*, révolution physique antérieure, si elle eut lieu, au 14e siècle avant notre ère. — Les *Cynètes* (au sud-ouest du pays) nommaient leurs 1ers rois *Gorgoris* et *Habis :* à l'un fut dû l'art d'élever les abeilles ; l'autre, miraculeusement sauvé de mille périls en son enfance, apprit aux hommes l'agriculture, leur interdit toute œuvre servile (l'industrie), les répartit en 70 cités. Les *Turdetans* se vantaient sous

Auguste d'avoir des annales datant de 6000 ans, des poëmes, des lois en vers, en un mot, une civilisation : ils exagéraient beaucoup.

Races indigènes. Ces indigènes étaient des *Ibères*, des *Celtes*, des *Pélasges*, tous *Indo-Germains* et venus d'Asie, mais si anciennement qu'on regardait leur race comme née au pays ou *autochthone*. — Les Ibères vinrent les 1ers et par mer, ou bien de côte en côte; ils étaient de même sang que les *Ibères* du *Caucase* maîtres de l'*Ibérie* (aujourd'hui partie de l'*Imireti*). Des *colonies ibériques* en *Sicile*, en *Italie*, en *Corse*, en *Gaule*, sont autant de traces de la route par eux suivie de l'est à l'ouest. — Les Celtes, fameux comme habitants de la Gaule, passèrent sans doute de Gaule en Espagne, et vinrent par terre; trouvant l'ouest moins peuplé, ils s'y répandirent, refoulant les Ibères. Au centre, un peuple de sang mêlé, les *Celtibères*, indique où se touchent les deux races. Les *Celtes d'Espagne* ont envoyé l'on ne sait quand une colonie dans l'île d'*Erin* (*Irlande* actuelle). — Les *Pélasges* ou *Sicules* ont habité les bords du *Sicoris* (aujourd'hui *Sègre*) et *Tarragone* : on voit des restes de leurs constructions dites *architecture cyclopéenne*. Ces Sicules étaient parents des *Sicules* et *Sicanes* de la Sicile, mais ne leur avaient pas donné naissance : peut-être eux-mêmes venaient-ils de l'Italie.

Mœurs, usages, etc. Comme les Espagnols de nos jours, ces premiers habitants étaient agiles, braves, sobres, opiniâtres. La guerre, la chasse, les jeux militaires étaient leurs grandes occupations : les combats de taureaux leur plaisaient comme aujourd'hui. Ils méprisaient la mort. Beaucoup étaient bergers. L'agriculture était le lot des femmes.

La population était éparse en *nombreuses tribus* : les plus puissantes furent les *Astures*, les *Callaïcs* au Nord-Ouest; les *Vascones*, les *Cérétans*, les *Ilergets*, les *Lacétans* au nord de l'Ebre; les *Ilercaones*, les *Edetans*, les *Contestans*, les *Bastitans* sur la côte Est, du Nord au Sud; les *Turdétans* entre le *Bétis* et l'*Anas*

(*Guadalquivir, Guadiana*); au centre enfin les *Celtibères*, les *Vaccæi*, les *Arvacs*, les *Orétans*, les *Vettones*. N'oublions pas les *Baléares* dans l'*archipel des Baléares*, remarquables surtout par leur adresse à manier la *fronde* et par la bizarrerie de leurs usages; vicieux du reste, féroces et désordonnés.

§ 2. Deuxième période; colonisation par l'étranger; les Phéniciens; les Grecs; Carthage.

Vers 1300 av. J.-C., *Tyr*, puissante cité de *Phénicie*, avait formé un établissement nommé *Tartesse* dans l'îlot d'*Erythie*, un peu à l'ouest du détroit, et de là ses flottes allaient chercher l'étain aux *îles Cassitérides*; puis, quand Erythie fut trop petite, *Gadir* (depuis *Gadès*, et aujourd'hui *Cadix*) s'éleva dans l'île voisine. Les possessions tyriennes envahirent ensuite les côtes prochaines, qui prirent le nom de *Tartesse* ou *Turdétanie*. D'autres Phéniciens imitèrent Tyr : de proche en proche le *bassin du Bétis* se remplit de bourgs, de villes phéniciennes. L'objet unique des Phéniciens, c'était le commerce. Les fruits exquis, les fines toisons, les belles races de chevaux, la pêche abondante, les riches mines qui faisaient de l'Hispanie le *Pérou* des anciens sollicitaient leur industrie. Ils poussèrent jusqu'à la *Baltique*, d'où ils rapportaient l'*ambre*, dit alors *pierre de Tarsis*. De trois en trois ans une *caravane maritime* sortait de Tyr pour ce long trajet, elle relâchait en Hispanie. Le culte, la langue, l'écriture des Phéniciens se répandirent ainsi dans tout le sud de la Péninsule. L'Hispanie leur dut ses premiers pas dans la civilisation. Jamais, du reste, ils ne devinrent conquérants. Ils ne voulaient qu'assurer leur négoce. Leur position était superbe : un pied en *Syrie*, l'autre aux Colonnes d'Hercule, ils avaient fait de la Méditerranée un *lac phénicien*. On ne sait s'ils furent longtemps soumis à leurs métropoles, mais leur dépendance finit par se réduire à des relations de déférence et de bonne volonté ;

Gadir, comme une autre Tyr, tenait le premier rang parmi ces villes de l'*Hispanie phénicienne*.

Les *Grecs* étaient venus plus tard. Vers 900 av. J.-C. des *Rhodiens* élevaient au sud et près des Pyrénées *Roses*. Des *Phocéens*, un peu après la naissance de *Marseille*, bâtirent *Ampurias*. Des *Zacynthiens*, enfin, fondèrent *Sagonte*. *Chersonèse* (*Peniscola*), *Dianium* (*Denia*) sont grecques aussi. Le négoce aussi était à peu près l'unique objet des Grecs en Hispanie. Ils exploitaient les richesses naturelles sans essayer de conquêtes. Peu nombreux d'ailleurs, ils eussent échoué devant les durs et fiers Ibères. Pendant trois siècles, Ampurias fut partagée par un mur en deux villes, l'une aux *Indigètes*, l'autre aux Phocéens ; et le poste, gardé de jour et de nuit, ne fut pas surpris une fois. Malgré ces obstacles les *cités grecques d'Hispanie* devinrent riches et florissantes. Elles ne dépendaient que nominalement des métropoles.

Mais *Carthage*, puissante en *Afrique*, avait conquis *Ebuse*, une des Baléares. Carthage était aussi phénicienne, mais aspirait à conquérir : fraudes, crimes, tout était justifié à ses yeux par le succès ! Elle excita les indigènes à se révolter contre les Tyriens à Gadir, mais elle garda la ville pour elle, fit la guerre aux autochthones comme aux étrangers, pénétra dans l'intérieur, réduisit des peuplades en masse aux rôles de mineurs et de soldats, et administra militairement le pays. L'illustre *Amilcar Barca*, après la 1re guerre punique, résolut de soumettre l'Hispanie, 238 ans av. J.-C. Après les *Tartessii* en révolte il battit les *Ibères du sud* (près du *Rio Tinto*), les *Celtics* à l'ouest au-delà de l'Anas, les *Vettones* vers le Tage. Mais les Celtibères résistèrent mieux, et un de leurs chefs le tua de sa main dans une bataille, 229. *Asdrubal*, son gendre, guerrier habile et grand politique, recula les *limites puniques* par négociations et à l'amiable plus que par force, fit trembler les villes grecques qui eurent recours à *Rome* pour échapper à son joug et qui amenèrent ainsi le célèbre traité par lequel Carthage jurait respect aux alliés de Rome, fonda *Carthagène*, dont le port est un des plus beaux du monde, et songeait à se créer une *souveraineté en Hispanie*, quand il fut assassiné, 221. *Annibal* lui succéda. Ce général de 21 ans avait juré encore enfant haine inextinguible aux *Romains*. Ravir aux *Olcades Altée*, leur chef-lieu, aux *Vaccæi*, *Arboucal* et *Elmantic* (*Salamanque*), échapper à 100 000 *coalisés de l'intérieur*, déjouer leur ligue et courir en armes des *Contestans* jusqu'aux *Callaïcs*, tels sont ses préludes, puis brûlant de combattre Rome, il assiége *Sagonte*. Plutôt que de se rendre, les *Sagontins* se font tuer ou se tuent eux-mêmes jusqu'au dernier. Mais enfin Sagonte est prise. Rome alors déclare la guerre, 219. Annibal ravi se met en marche avec 81 000 hommes, et franchissant les *Pyrénées*, les *Alpes*, gagne les Romains de vitesse et porte la guerre en Italie.

§ 3. Troisième période; conquête romaine.

Première série de guerres. Dès 218 le consul *Scipion* (*Publius*), père du *grand Scipion*, envoya *Cnéius* son frère, qui, se présentant comme *libérateur* entre les Pyrénées et l'Ebre, prit *Tarragone*, défit sur mer *Asdrubal* près de cette ville, 217, incendia les faubourgs de *Carthagène*, ravagea *Ebuse*, vit cent vingt peuplades s'affranchir, à sa voix, du joug punique, et fit alliance avec les *Celtibères*. Publius ensuite vint le joindre, et tous deux réunis passèrent l'Ebre, firent révolter les *Tartessii*, 216, débloquèrent *Illiturgi* et *Intibili* menacés par trois armées, 215, battirent quatre fois *Asdrubal* et son frère *Magon* (à *Illiturgi*, à *Bigerre*, à *Munda*, à *Oringe*), 214, et attirèrent au parti de Rome *Syphax*, roi de la *Numidie-Massessylie*, 213. Mais en 212 ils se séparèrent et périrent, Publius près d'*Anitorgis*, Cnéius quelques jours après. Heureusement le brave *Marcius* sauva les débris de l'armée romaine. Puis vint le jeune *Scipion*, fils de Publius. Il prend en un jour l'imprenable Carthagène, où il trouve 113 vaisseaux, de l'or, d'énormes magasins, attire à lui de puissants alliés, *Édecon*, *Andobal*, *Mandonius*, *Allucius*, auquel il a rendu sa fiancée captive, et vainqueur à *Bécula*, 209, chasse les Carthaginois vers le Tage, mais laisse Asdrubal passer les Pyrénées et mener des renforts en Italie à son frère, faute capitale qui mit Rome en grand péril. Cependant *Hannon* était battu par le Romain *Silanus*, *Gisgon* fuyait en *Bétique*, Gisgon et Magon se laissent vaincre à *Elinge* malgré leurs 74.000 hommes, 207. *Castulo*, *Illiturgi*, *Astape* sont prises, 206. Magon abandonne Gades. Ainsi au bout de 13 ans Carthage n'a plus un pouce de terre en Hispanie; et Scipion va chercher le consulat à Rome, d'où en 204 il reportera la lutte en Afrique, pour vaincre à *Zama*.

Deuxième série de guerres. Les Romains prétendent succéder à la domination de Carthage. Dur mécompte pour les Ibères! *Mandonius* et *Andobal* arment; mais l'un est livré par les siens qui ne comprennent pas encore Rome; l'autre est tué à la bataille de *Sedet*, 204. En 200, nouvelle révolte des *Sédétans*, réprimée par *Céthégus*. En 197, quand le sénat coupe l'Hispanie en 2 *prov.*, la *Citérieure* et l'*Ultérieure*, qu'il confie à deux *préteurs*, toutes deux s'insurgent. *Caton*, dans une superbe campagne, bat l'ennemi à *Ampurias* et s'empare de 400 bourgades au nord de l'Ebre, 195, tandis que *Nasica* bat les *Lusitani* à *Ilipa*. Mais les neuf années suivantes se passent sans avantage. Le bonheur revient en 185: *Varron* et *Flaccus* mettent en déroute les *Celtibères*, 183; *Vulson* écrase les *Lusitani*, 182; *Posthumius* les soumet eux et les *Vaccæi*, 180; *Gracchus*, vainqueur à *Carabis*, à *Compléga*, les assujettit par traité à *fournir tribut* et *troupes* aux Romains, 177. Rome est maîtresse alors du *pays au nord du Bas-Ebre*, de toutes les *côtes de la Méditerranée*; et à l'intérieur, les *Carpetans*, les *Vaccæi*, les *Celtibères* et partie des *Lusitani* lui obéissent.

Troisième serie de guerres (*Viriath*, *Numance*). Mais l'oppression, les dénis de justice lassent les Espagnols; ils en reviennent à la révolte sous le fanatique

Salondic, qui de son *javelot d'argent reçu du ciel* veut tuer le préteur et le manque, 170 ; puis sous *un Carthaginois*, sans doute agent de Carthage, 154. *Marcellus* pacifie la *Celtibérie*, 151. Mais *Lucullus*, par sa perfidie, ranime la guerre. *Galba* qui offre la paix et des terres aux *Lusitani*, les disperse, les désarme et en égorge 30 000. *Viriath*, un pâtre, un brigand, réunit ce qui reste, bat deux fois *Vétilius* près de *Tribola*, 149, défait trois autres préteurs, plus un lieutenant de consul, 148-45, et n'a de désavantage que quand *Fabius Emilien* en personne l'attaque : encore ranime-t-il la résistance chez les *Arvacs*, 144, et par sa *victoire d'Ituque* force-t-il *Fabius Servilien* de conclure la *paix entre les Romains et Viriath*, 141. *Cépion* reprend la guerre, et fait assassiner Viriath. Les Lusitani, sans chef général, résistent mal et sont déportés en masse, 139. Les *Callaïcs* vaincus valent à *Brutus* le surnom de *Callaïque*, 138. *Métellus le Macédonique* enlève aux Arvacs leurs places, sauf *Numance* et *Thermantie* ; mais ses successeurs ne font que des fautes : les Romains fuient à la vue d'un *Numantin*, et *Mancinus*, cerné, jure avec Numance un traité honteux, 138. Enfin le *vainqueur de Carthage*, *Scipion Emilien*, 135, rétablit la discipline, entoure la ville de lignes prodigieuses, évite les assauts pour perfectionner le blocus. Il avait 60 000 h., les Numantins n'étaient que 8000, *Rhétogène* les commandait. Réduits des trois quarts, minés par la faim, ils s'entre-tuent et se brûlent eux et tout leur avoir, 134. Jamais Numance ne fut relevée. L'Hispanie, alors, fut calme : sauf les Vascones, les Cantabres et les Astures (tous montagnards du N.-O.), les peuplades espagnoles acceptaient le joug. La soumission des *Baléares* par *Métellus le Baléarique* couronna ces travaux, 123 : presque toute la nation y périt, Métellus appela des étrangers et pour eux fonda *Palma* et *Pollentie*.

Intervalle de la 3e à la 4e guerre (134-26 av. J.-C.). De 105 à 103 les *Cimbres*, *Ambrons* et *Teutons*, au lieu de fondre sur l'Italie après la *victoire d'Orange*, tournèrent au sud et ravagèrent l'Hispanie ; deux ans après ils en sortirent pour aller se faire hacher à *Aix* et à *Verceil* par *Marius*, 102, 101. — L'Hispanie ensuite fut deux fois théâtre des *guerres civiles de Rome*. La première, ce fut sous *Sertorius*, 83-71. Ce partisan de Marius avait pour province l'Ultérieure. Ne pouvant s'y maintenir devant *Annius*, le préteur du choix de Sylla, il s'enfuit en Afrique, courut la mer comme corsaire, songea un moment à conquérir les *Canaries*. Puis, rappelé en *Lusitanie* par les habitants, il se montra tacticien et politique consommé ; conquit l'amour des peuples tout en conservant la suprématie de Rome; sut accabler *Métellus Pius* sans presque combattre; à l'Hispanie entière, joignit la *Narbonaise* et menaça l'Italie. En 78, il avait créé un sénat de 300 membres, *Mithridate* traitait avec lui. *Perpenna* vint pour le combattre, il fut forcé par ses soldats de se joindre à lui, 78. Plus heureux, *Pompée* détacha de Sertorius la Narbonaise, 77; mais, en Hispanie, il se fit battre à *Laurone*, à *Sucro*, et eut besoin de se réunir à Métellus pour vaincre à *Segontia*, 76-74 ; encore eut-il le dessous les deux années suivantes, et eût-il évacué l'Hispanie en 71, si, las de la guerre, les Espagnols ne se fussent mis enfin à déserter, et si le traître Perpenna n'eût assassiné Sertorius pour prendre sa place. Dès lors, la fortune changea : l'incapable Perpenna fut pris et mis à mort, et l'Hispanie ne fut plus séparée de l'empire, 70. Vint ensuite la *guerre civile de César et de Pompée*. L'Hispanie était régie par des créatures de Pompée. César y passa vers 49. *Afranius*, *Pétreius* et 60 000 hommes le mirent en péril près d'*Ilerda* : il s'en tira, et réduisit ces 2 chefs à lui céder leur province, la Citérieure. Il eut encore meilleur marché de *Varron* qui commandait à l'Ultérieure. En 45, il y revint contre les deux fils de Pompée et le parti républicain qui se réorganisait : le *vainqueur de Pharsale*, *d'Alexandrie*, *de Thapse*, y remporta sa dernière et décisive victoire à *Munda*, 45.

Quatrième série de guerres. Les *guerres civiles de*

Cassius, de Sextus et d'*Antoine* ne firent point sentir leur contre-coup en Hispanie (44-31). Mais *Auguste*, seul maître de l'empire, voulut achever la *conquête de l'Hispanie*. Il attaqua les *Cantabres* et les *Astures*, 26, sans grand succès. Mais, l'année d'après, *Antistius* battit les premiers à *Vellica*, les seconds sur l'*Asturica* (*Ezla*) et soumit le pays. Trois révoltes pourtant suivirent de près, en 24, en 22, en 20 ; et les Romains, las de ces adversaires acharnés, fuyaient à leur vue comme au temps de Numance, quand *Agrippa* vint rétablir le renom des armes romaines : il n'en finit qu'en décimant la population et en rasant les villages établis sur les hauteurs.

§ 4. Quatrième période ; domination romaine.

L'Hispanie soumise à Rome jouit enfin d'un *calme* et d'une *prospérité* que libre elle n'avait jamais connus. L'agriculture, l'industrie, le commerce, les lettres s'y développèrent comme par magie. Sol, mines, pêches, troupeaux, rendirent immensément. Plus de guerres, plus d'isolement. Les usines se multiplient, des villes s'élèvent ou s'embellissent (*Mérida, Léon*, etc) : 200 ans durant, *Gades* est une des premières places marchandes du monde. Partout de superbes *monuments*, des routes, des ponts, des aqueducs, des arcs de triomphe, des bains, des cirques, tout ce qui caractérise la *civilisation romaine*. Les deux *Sénèques*, *Latro*, *Lucain*, *Martial*, *Columelle*, peut-être *Florus* et *Méla* se distinguent à Rome comme poëtes et orateurs ou comme savants; et l'*école hispanique* donne le ton à la littérature latine. Dès le temps de César l'Espagnol *Balbus* a été consul ; *Balbus son neveu* obtient le triomphe sous Auguste. Au 2e siècle l'Espagnol *Trajan* est empereur (98-117), et *Adrien* peut-être était son compatriote. Le dernier prince qui régna sur tout l'empire, *Théodose-le-Grand*, était de *Cauca*. Ce bonheur pourtant ne fut pas sans mélange. Les campagnes étaient sacrifiées aux villes. Les grands de Rome *pillaient* souvent les provinces qu'ils régissaient. Les *beaux-arts* étaient négligés. Les *médailles* espagnoles d'époque romaine ne valent pas celles d'époque antérieure. Au 3e siècle tout languit, Gadès se meurt ; des *Francs*, des *Suèves* prennent *Tarragone*, parcourent l'Hispanie, 263 : dès *Marc-Aurèle*, des *Berbers* avaient assiégé *Singilia*.

Auguste avait changé la subdivision du pays en y créant 3 provinces, *Bétique, Tarraconaise* et *Lusitanie*. Plus tard la 3e se partagea en trois, et il y en eut cinq en tout (*Lusitanie, Bétique, Carthaginaise, Tarraconaise, Gallécie*). Quand *Constantin* opéra la *division générale de l'empire* en *préfectures, diocèses* et *provinces*, l'Hispanie, plus les *Baléares*, accrue de la *Tingitane*, forma un *diocèse* de *sept provinces*, compris dans la *préfecture des Gaules*. *Mérida, Séville, Carthagène, Tarragone, Braga* étaient les *chefs-lieux des 5 provinces* d'Hispanie ; à *Séville*, capitale générale, résidait le *vicaire du préfet* ou administrateur général du diocèse. L'*Église* adopta cette division, et ces 5 villes devinrent *métropoles* ou *archevêchés*.

Le *christianisme* fut prêché en Hispanie au 2e siècle de Jésus-Christ, ou peut-être dès la fin du 1er, mais non par sept évêques qu'y auraient envoyés les apôtres, et moins encore par l'*apôtre saint Jacques* en personne. Telle est pourtant l'opinion populaire des Espagnols : aussi saint Jacques est-il le *patron de l'Espagne*. Les premiers martyrs connus en Hispanie sont *saint Facond* et *sainte Marthe* au 2e siècle, *saint Fructuose* au 3e ; parmi les martyrs de l'époque de *Dioclétien, saint Vincent* surtout est très célèbre. Après le triomphe du christianisme, *Hosius*, évêque de Cordoue, joua un grand rôle à la cour de Constantin et dans les querelles de l'*arianisme*. Malgré son zèle, l'église d'Espagne ne fut pas pure d'hérésies : le *donatisme* y prit faveur, protégé par l'évêque *Potame* de *Lisbonne* ; le *priscillianisme* y prit naissance, et quoique condamné au concile de *Saragosse* s'y soutint encore longtemps, et ne céda pas même aux rigueurs déployées contre ses adhérents,

385, etc. Les *Juifs* aussi étaient nombreux. On a dit que ce peuple, après la *grande révolte* de 135, avait été déporté en masse d'Orient en Hispanie. Du moins est-il vrai que, chassés et dispersés après la défaite, beaucoup d'entre eux se rendirent en Hispanie, et qu'au 4e siècle ils formaient comme une *nation dans la nation.*

§ 5. Cinquième période; l'invasion germaine; royaumes des Suèves et des Visigoths.

Le temps était venu où la *monarchie des Césars* devait périr. A la mort du grand *Théodose* le monde romain s'était séparé en *empire d'Orient* et *empire d'Occident;* mais l'empereur d'Occident, le lâche *Honorius*, ne sut pas défendre son lot. *Géronce*, au nom du tyran *Constantin*, puis pour lui-même, était en train de lui ravir le *diocèse d'Hispanie*, quand *Suèves*, *Alains*, *Vandales*, après deux ans de ravages en Gaule, vinrent saccager, puis se partager la péninsule. La *Gallécie* échut avec *moitié de la Tarraconaise* aux Suèves, la *Lusitanie plus la Carthaginaise* aux Alains, la *Bétique* aux Vandales, qui l'appelèrent *Vandalicie* ou *Andalousie.* Les habitants leur cédèrent moitié ou un tiers des terres, et ils se mirent à cultiver; la famine, suite de leurs dévastations, les y forçait. Tous étaient *ariens.* Ils avaient pour rois, les Suèves *Ermaneric*, les Alains *Atax*, les Vandales *Frédibal* et *Guntharis.* Pendant ce temps Honorius, pour débarrasser l'Italie des *Goths*, avait, après la *prise de Rome* et la subite fin d'*Alaric Ier*, offert à leur chef *Ataulf*, beau-frère du mort, la Gaule et l'Hispanie en échange. Avec Ataulf commence le *royaume des Visigoths* ou *Goths de l'ouest* (les *Goths de l'est* ou *Ostrogoths* restèrent près du *Danube*, et plus tard s'établirent en Italie). Les Visigoths au reste étaient les moins barbares des barbares. Ils étaient ariens.

411-15. Ataulf accepte l'offre d'Honorius, épouse, à *Narbonne*, *Placidie*, sœur de l'empereur, passe les Pyrénées et se fixe à *Barcelone*, d'où il harcelle les Vandales. Mais ses liaisons avec les Romains ont déplu aux

Goths : un nain le poignarde par derrière. L'armée élit pour roi SIGERIC, qui se hâte de mettre à mort les fils d'Ataulf, mais qui sept jours après tombe par une autre révolution. VALLIA, 415-19, nommé son successeur, menace d'abord les Romains, mais secrètement s'accorde avec eux, rend Placidie et tourne les Goths sur les *Silinges* et *Vandales*, extermine les uns à *Tarife*, 416, chasse les autres chez les Suèves, et prend *Frédibal;* les *Alains*, après des pertes énormes et la mort d'*Atax*, se fondent avec les Vandales, et disparaissent ; les *Suèves*, pour éviter le même sort, se reconnaissent *tributaires des Romains*. Vallia rendit ainsi l'Hispanie *moins ses possessions en Tarraconaise* à Honorius, qui lui abandonna les 2e *et* 3e *Aquitaines* en Gaule, mais lui refusa *l'est de la Narbonaise* : *Toulouse* devint capitale des Visigoths.

419-51. THÉODORIC Ier, porté aussi au trône par l'élection, le transmit à ses fils : sa *maison* en tout régna 112 ans. Ce fut le *beau temps des Visigoths*. Théodoric fut tour à tour en paix et en guerre avec les Romains. Il manqua *Narbonne* et *Arles*, 425, échoua encore devant Narbonne, 436, mais assailli chez lui par *Litorius* et ses *Huns*, les battit devant Toulouse, 439 ; la *paix avec Aétius* lui confirma les deux Aquitaines, mais il fallait les conquérir sur les *Bagaudes*, que l'excès de la misère avait armés et contre Rome et contre toute autorité. Théodoric avança la conquête, mais il s'interrompit pour s'unir à la *ligue* formée par *Aétius contre Attila*, le *fléau de Dieu*, et périt à la grande *bataille de Châlons*, qui brisa la puissance des Huns. Pendant ce temps l'Espagne risquait de devenir suève. Les *Vandales* avaient déclaré la guerre aux *Suèves* leurs hôtes, mais *Ermanaric*, inexpugnable dans les *monts d'Arvas*, avait fini par les chasser ; et quand après avoir regagné *l'Andalousie*, 422, pris les *Baléares*, et fait la course, ils quittèrent sous *Genseric* l'Espagne pour l'Afrique, et y fondèrent, 429-39, le *royaume des Vandales* qui devait durer un siècle, 429-534 , le roi suève

Réchila prit soudain leur place, défit à *Mertola Censorius*, réunit la *Lusitanie*, la *Carthaginoise*, occupa *Lérida*, *Saragosse*, *Tarragone*.

451 et 2. Thorismond, l'aîné des 4 fils de Théodoric, conquit les *côtes jusqu'à la Loire*, mais ne fit rien contre les *Suèves*.—452-67. Théodoric II, son frère, après avoir porté à l'empire *Majorien*, son ami, se fit charger par lui de combattre les *Suèves*, bien qu'il fût beau-père ou beau-frère de *Réchiar* leur roi. Il eut part à sa ruine tout en affectant de lui donner de sages conseils : Réchiar, en *guerre avec l'empire*, fut défait près de l'*Orbiga*, puis mis à mort. Les querelles des Suèves profitèrent aux Visigoths : tandis qu'on nommait pour rois, ici *Masdran*, là *Fratan*, 457, ils avançaient à l'ouest et au sud : les Suèves n'eurent plus hors de Gallécie que *Coïmbre* et *Lisbonne;* et *Remismond*, seul maître, 459, ne put réparer leurs pertes. Théodoric s'était aussi étendu en Gaule, et quoique son frère *Frédéric* eût perdu la vie à la *bataille d'Orléans*, il avait enfin acquis *Narbonne* qui devint sa capitale. Fratricide, il périt par un fratricide : *Euric*, son frère, l'empoisonna. — 467-84. Euric fut comme un *second fondateur* du royaume des Visigoths. Vainqueur des Romains à *Bourges*, ce qui lui soumit le *Berri* et le *Gévaudan*, il obtint du fantôme d'empereur *Julius Nepos* la concession de l'*Auvergne;* après la chute d'*Augustule* et de l'*empire d'Occident*, il se fit céder la *Provence* par *Odoacre*, 477. Aidé du prince ostrogoth *Videmir*, il avait soumis l'Espagne entière, sauf la Gallécie, toujours aux Suèves. Euric de plus fut législateur, il fit écrire les *Coutumes des Goths*. On regrette qu'il ait le premier rendu des *lois sévères contre les catholiques*.

484-506. Alaric II, fils d'Euric et gendre du célèbre roi des Ostrogoths *Théodoric*, qu'il seconda dans sa *conquête de l'Italie*, fut *doux pour les catholiques*, qui pourtant appelèrent le Frank *Clovis*, et périt à la *bataille de Voclade*, bientôt suivie de la perte de *presque toute l'Aquitaine*. Sous lui fut rédigé le *Bréviaire d'A-*

nian ou *Abrégé du code théodosien*, pour ses sujets romains.—507-509. Gésalric, son fils naturel, fut élu au lieu du fils légitime, *Amalaric*, trop jeune alors, et, d'accord avec *Clovis* qui le reconnut, alla s'établir à *Barcelone*, cédant d'un mot *toutes les provinces françaises*. Mais *Ibbas*, au nom de *Théodoric d'Italie*, aïeul maternel d'Amalaric, vint occuper la *Provence* et la *Septimanie*, et protester contre la cession. Bientôt *Gésalric* se vit battre à Barcelone et s'enfuit en Afrique. — 509-26. Théodoric III (tel est le nom que prend ici Théodoric l'Ostrogoth) gouverna dès lors plutôt en roi qu'en régent, mais sans prétendre déposséder son petit-fils. Les Francs, les *Burgundes*, qui bloquaient Arles, se retirèrent ; un traité formel laissa le *Rouergue*, le *Querci*, la *Septimanie*, aux Visigoths; la *Provence* fut annexée au *royaume des Ostrogoths*. Du reste, la paix régnait, l'union des Goths de l'Est et de l'Ouest ranimait le commerce et donnait de la sécurité au pays ; mais l'Ostrogoth *Theudès*, chargé de régir l'Espagne, en profita pour se faire un parti. —526-31. Amalaric, peu apte à déjouer ces complots, n'en eut pas le temps d'ailleurs. Arien zélé, il *froissa l'opinion catholique* de plus en plus puissante; permit à contre-cœur aux évêques catholiques de tenir des *conciles* ; s'attira par ses sévices sur *Clotilde la jeune*, sa femme, une guerre avec le roi franc *Childebert*, et fut tué à la *bataille de Narbonne*. Le trône devint *électif*, première *cause de la décadence des Visigoths :* de là l'esprit de faction, le trop de richesses et de puissance de l'aristocratie, l'abaissement du pouvoir royal. Le *catholicisme* eût combattu ces tendances, si les rois eussent été catholiques ; mais *nés Visigoths*, ils ne voulaient ou n'osaient abjurer l'*arianisme :* le catholicisme dès lors se fit aristocratie : les évêques, longtemps de race romaine, balancèrent les grands laïcs ; mais ils ne relevèrent pas ainsi la royauté; puis l'épiscopat fut envahi par les Goths, et le trône fut perdu.

531-48. Une élection donna le pouvoir à Theudis, l'ancien *tuteur d'Amalaric*. Theudis ne put sauver le

Querci et le *Rouergue;* la *Septimanie* resta la *seule province des Visigoths en France*. Narbonne fut menacée; les Francs avancèrent jusqu'à *Saragosse*, d'où les repoussa THEUDEGISIL, qu'à la mort de Theudis les grands élurent, mais que ses violences firent tuer à table, 549.

549-54. AGILA, nommé à sa place, eut, dès 550, un compétiteur dans *Athanagild* qu'appuyait le *patrice grec d'Afrique*, *Libérius*, et qui le vainquit en 554. Odieux par ses rapines et ses profanations, Agila périt bientôt. —554-62. Mais ATHANAGILD ne put chasser ses amis *les Grecs* qui gardèrent *Carthagène*, *Cordoue*, les *bouches de l'Anas*, *du Tage*, etc. Il donna ses deux filles, la célèbre *Brunehaut* et l'infortunée *Galsvinde*, aux deux rois francs *Sigebert I* et *Chilpéric I*. —L'ombre épaisse qui couvre 93 ans l'histoire des *Suèves* cesse ici. *Théodmir I*, leur roi, 561-79, se fit catholique, ses sujets aussi.

568-72. LIOUVA I, élu en *Septimanie* après cinq mois de troubles, tandis qu'en *Espagne* on nommait LEUVIGILD, son frère, vécut en paix avec lui jusqu'à sa mort. Leuvigild, 572-86, dès lors seul roi, soumit les *Cantabres* à peu près libres jusqu'alors; battit les *Vascons* qu'il tint en respect en fondant *Vitoria;* menaça les *Suèves* régis (570-82) par *Théodmir II*, et prit aux Grecs *Cordoue* et d'autres places. Il s'associa ensuite son fils HERMENEGILD, 572, et s'établit à *Séville*. Hermenegild catholique eut le tort de s'unir aux ennemis de son père, les catholiques, les Grecs, les Suèves, et se révolta 2 fois contre lui, flagrante réaction des indigènes et des Romains contre les Visigoths! Mais l'exil, ensuite la mort punit le jeune prince, que l'Église a mis au nombre des saints; puis les Suèves, un instant partagés entre *Euric* et *Andéca*, 582, et ensuite réunis sous ce dernier, qui cloîtra son rival, furent incorporés au royaume des Visigoths, 585. Le leur avait duré 176 ans. On eût pu croire alors à la domination de l'*arianisme* en Espagne : jamais il n'avait été si près de sa chute. — 586-601. RECARÈDE I, *le Catholique*, 2e fils de Leuvigild et frère du martyr, a un nom populaire encore en Espagne, parce qu'il renonça publiquement à l'arianisme au 3e *concile de Tolède*, 589. Ses troupes battirent le roi de Bourgogne *Gontran* et les turbulents *Vascons*, qui, las de répression, se retirèrent vers les *Pyrénées*, d'où longtemps, au reste, ils coururent sur les terres espagnoles. Ni Recarède, ni son fils Liouva II, qui, âgé de 18 ans, régna dix-huit mois, 601-03, ne vit la fin de ces brigandages.

603-10. Devenu roi par un régicide, l'arien Vidrio voulut pallier son crime par la gloire : il prit *Gigonza* aux Grecs; mais *Théodoric II*, roi de Bourgogne, l'insulta en répudiant sa fille. L'arianisme tenta en vain de se rétablir: hautain, violent, le roi déplut et périt assassiné. — 610-12. Gondmar, son successeur, fit de l'*évêché de Tolède* un *archevêché* et combattit les Vascons et les Grecs qu'il refoula, ceux-là dans leurs places de la côte, ceux-ci dans leurs montagnes.—612-20. Sisebut, remarquable comme roi, comme général, comme littérateur, mit fin à la *réaction contre le catholicisme*, dont il se déclara protecteur; battit le patrice *Césaire*, et ne laissa aux Grecs en Espagne que l'*Algarve* (côte à l'ouest de l'Anas); puis passa en Afrique où il prit *Tanger*, *Ceuta*, etc. On reproche à Sisebut d'avoir enjoint à tous les *juifs* de se faire baptiser sous peine de perdre leurs biens : il en résulta 90.000 *conversions*, la plupart *fausses*, et des *émigrations en Septimanie :* leurs descendants furent pour beaucoup dans les succès des *Arabes :* le clergé d'Espagne blâma l'excès de zèle de Sisebut. Ce prince a laissé, entre autres écrits, un petit *poëme sur les éclipses*.—620 et 21. Son fils Récarède II ne survécut que quelques mois.

621-31. Suintila, grand guerrier et prince despotique, fut vraiment le premier *roi de toute l'Espagne :* il ravit à l'empereur grec *Héraclius* son dernier pouce de terre en Espagne, tâche aisée depuis que le catholicisme des monarques leur conciliait les Espagnols; il dompta les indomptables *Vascons*. qui se divisèrent alors en *Basques* et *Gascons*, ceux-ci en *Gascogne* et hors d'Espagne, sous les *Francs d'Aquitaine* (ceux-là en Espagne, dans les *provinces basques* et en *Navarre*). Fort de ses victoires, Suintila tenta de faire une *révolution qui eût rendu le trône* d'électif *héréditaire*. Il osa s'associer RICIMER son fils, encore enfant : il fut déposé. Le roi franc *Dagobert I* avait promis son concours aux rebelles.

631-36. SIENAND fit sanctionner son usurpation par le *quatrième concile de Tolède*. Là se vit combien les *évêques*, *représentants* de la masse *des indigènes*, avaient gagné de terrain : là fut signé un *concordat entre l'aristocratie épiscopale et celle des laïcs*. « Nul roi, disent les *canons*, ne sera roi sans l'assentiment des évêques et officiers du palais ; en affaires criminelles, le roi jugera assisté par eux ; l'Église ne paiera point d'impôt ; aux conciles les évêques admettront, excluront qui ils voudront. » — 636-640. Sous CHINTILA, les *Juifs* reparurent (par suite de fausses conversions) ; le *sixième concile de Tolède* décréta le ban et des peines sévères contre eux sans les faire disparaître entièrement. — 640-42. Le court règne de TOULGA ne fut que troubles et factions.

642-49. CHINDASVINDE avait été porté au trône par les laïcs : il limita sévèrement et le pouvoir politique du clergé, tout en le comblant de dons pour se l'attacher, et celui des nobles. Des rois d'un tel caractère auraient relevé la monarchie, s'ils eussent vécu longtemps. Chindasvinde fut le *législateur de l'Espagne gothique* : les *conquérants* et le *peuple conquis*, grâce à ses évêques, se trouvaient à peu près de niveau : voulant n'en faire qu'*un seul peuple*, il réunit *ses lois*, *celles de ses prédécesseurs*, les *coutumes des Visigoths* et le *Bréviaire*, en un *code* dit *Loi des Visigoths*, et au moyen âge *Fuero juzgo*, et le fit déclarer *obligatoire pour les Romains et les Visigoths également*, exemple unique à cette époque. Ce code, pourtant, ne fut promulgué qu'en 655. Chindasvinde, malgré sa vigueur, ne tenta point de retirer aux conciles, qui alors étaient des *assemblées nationales* auxquelles assistaient les laïcs, la *puissance législative*, que l'usage leur avait donnée. — 649-72. RECESVINDE, son fils, rendit du pouvoir au clergé, par lequel il voulut balancer la tyrannie des nobles; mais tous les ressorts se détraquèrent en ses mains. Il eut peine à vaincre les *Basques* révoltés sous *Froya*, et à défendre ses *places de Mauritanie* contre les *Arabes*.

672-80. VAMBA, roi malgré lui, eut à vaincre les *Basques* encore en armes et la *révolte du général Paul en Septimanie :* il fit ces deux guerres en personne et fut vainqueur. Mais, quand il voulut abaisser les évêques et les nobles dont les intérêts s'étaient fondus, il échoua. *Ervige*, prétendu petit-fils de *saint Hermenigild*, lui fit prendre un soporifique; puis, dans son sommeil, on le rasa, on l'habilla en moine : éveillé, Vamba garda le cloître.—680-87. Le faible ERVIGE permit à l'*archevêque de Tolède* de nommer aux évêchés vacants. Sans cesse craignant, pour lui et les siens, les amis de Vamba, il maria *Egiza*, neveu de ce prince, à sa fille *Cixiliane*, en exigeant pour lui un serment d'impunité pour tous les coupables.—687-701. EGIZA ne vit que troubles et complots. Deux archevêques de Tolède, *saint Julien*, puis *Sisbert*, aussi puissants que le roi, le bravaient au grand jour, d'accord avec *Cixiliane;* les *Juifs*, de concert avec les *Juifs d'Afrique*, pressèrent les *Arabes* d'envahir l'Espagne. Egiza découvrit les deux trames et, pièces en main, fit déposer Sisbert et lancer sur les Juifs un *décret de confiscation* et d'*esclavage*. Mais, bien que vainqueur d'une flotte arabe, il perdit la *Mauritanie*, hormis *Ceuta*. — 701-10. VITIZA, son fils, avait régné en *Galice* comme *roi des Suèves* du vivant de son père. Les uns le peignent comme un monstre et disent qu'il fut détrôné par *Roderic*, qui vengea ainsi son père aveuglé par son ordre. Selon les autres, il mourut paisible à Tolède, laissant deux fils et un frère *archevêque de Séville*, nommé *Oppas*. —710-12. RODERIC (dit *Don Rodrigue*), petit-fils de *Recesvinde*, fut élu au préjudice des trois princes. Toute la *famille Vamba* s'unit pour sa chute et s'unit à l'étranger. *Oppas* et le *comte Julien*, son beau-frère, appelèrent les *Arabes*, encore pleins de l'esprit de *Mahomet* et du *Koran*, et qui en 88 ans avaient improvisé un vaste empire (le *kalifat*) du *Sindh* à l'*Atlantique*). Une tradition, vraie peut-être, quoique abandonnée aujourd'hui, dérive l'action de Julien du désir de venger *Cava*, sa fille, déshonorée par Roderic. Un chef arabe, *Tarik*, parut bientôt, et de *Gibraltar* où il débarqua, marcha guidé par Oppas jusqu'à *Xerez*; là, le christianisme fut vaincu par l'islamisme, le Goth par l'Arabe: Roderic périt de la main de Tarik, qui fit trois parts de son armée, vit presque toutes les villes l'accueillir, et paraissait devant *Gijon* en *Asturie*, quand le gouverneur d'Afrique, *Mouça*, le rappela et vint, jaloux de sa gloire, achever la ruine des Goths et confisquer à son profit les exploits de Tarik. Du reste, Mouça avait promis à Oppas de couronner *Ebba*, son neveu; vainqueur, il trahit sa promesse. Julien, dit-on, mourut de désespoir.

§ 6. Trait principal de la 6e époque, l'Espagne arabe, kalifat de Cordoue (18 souverains), 712—1031.

Ici l'histoire se complique: les Arabes dominent en Espagne; mais il est un coin au nord où les *Goths* se soutiennent et fondent un *petit état*, 718, qui grandit bientôt; et des *Francs* échappés aux *Carlovingiens* en font autant en *Navarre*, 825. Il faut prendre à part les 3 états, plus les 2 *comtés de Castille* et *de Barcelone*.

De 712 à 756 l'Espagne n'est qu'une *province du vaste empire des kalifes de Damas*: *Valid*, *Omar*, *Iézid Hécham* lui envoient des *émirs* ou *sous-émirs* et les changent sans cesse. *Mérida*, *Tolède*, après 2 ans de siége, s'étaient rendues à *Mouça*, 714; mais *Abdel-Aziz*, son fils, laissa *Murcie* et *Valence* au brave Goth *Théodmir*. *Alahor* alla piller la *Septimanie*; *Zama* la soumit et prit *Narbonne*. Mais déjà l'on voit poindre le *royaume de Pélage* (*voy.* § 7). Dédaignant des monts stériles, des guerres sans gain et sans gloire, Zama se rua sur l'*Aquitaine*, sur *Toulouse*: il fut battu et périt. *Ambiza* s'élance en *Bourgogne*, et revient avec un large butin, mais n'ose rester à l'est du *Rhône*. *Abou*-

Neza épouse la fille d'*Eudes*, le *vainqueur de Zama*, et veut se rendre indépendant du kalife; mais *Abder-rahman*, par ordre d'*Hécham*, l'attaque, le force dans *Puicerda*, le réduit à se tuer. Reprenant ensuite les plans de Zama sur la *France*, il soumet en partie l'Aquitaine, 725-31; mais, *entre Poitiers et Tours*, il trouve *Charles Martel* : 100,000 infidèles périssent avec leur chef, 732; la chrétienté respire, le flot arabe a trouvé sa limite. Des courses sur *Lyon*, *Avignon*, *Arles*, n'aboutissent qu'à la *retraite des pillards; Akba* ne garde qu'à peine la *Septimanie*, et bientôt l'Arabe la perdra.

La conquête fut-elle un mal? L'Espagne lui dut d'abord des *améliorations matérielles* très sensibles. L'*anarchie* fut *suspendue*. Le *gouvernement, plus juste, plus expéditif* et *plus* vraiment *éclairé*, était en meilleures mains. Les Arabes venant d'*Egypte*, de *Perse* et de *Syrie*, pays agricoles, commerçants et habitués au grand luxe, introduisirent des *procédés agronomiques* neufs, une *industrie active*, un *trafic qui embrassait toutes les parties de leur vaste empire*. Peu d'esclaves: de là un travail plus productif. Valence fournit de *fruits exquis* l'Europe entière. Barcelone, Cadix exportaient les *tapisseries en cuir de Cordoue*, les *draps de Murcie*, les *soieries de Grenade* et d'*Almérie*. La *canne à sucre*, le *coton*, les *mûriers* étaient des objets de grande culture. Des *colonies militaires* s'étaient établies à *Cordoue*, à *Jaen*, à *Xérez*, à *Medina Sidonia*, à *Niebla*, à *Murcie*, à *Tolède*, à *Huete*, à *Lisbonne*; 10,000 *cavaliers de l'Hedjaz* s'étaient nantis des *terres les plus fertiles de l'intérieur*. Sous Rome, les villes étaient tout; l'invasion germaine, puis la féodalité firent repasser l'importance aux campagnes; le *système arabe* favorisait tout et ne sacrifiait rien. Après le bien-être matériel se développèrent les *sciences*, les *arts*; bien que le génie arabe soit limité, l'*astronomie*, la *chimie*, la *médecine* leur doivent des progrès réels; ils ont été nos maîtres d'*algèbre*, ils ont créé l'*architecture* à tort nommée *gothique*; leur *littérature* n'a pas été sans influence sur les *romances espagnoles*, et leur tour d'idées a contribué à la *naissance de la chevalerie*.

Cet ordre de choses se développa surtout après que l'Espagne se fut *détachée du kalifat d'Orient* pour former un *état à part*, nommé aussi *kalifat* (le *kalifat ommiade* ou *kalifat de Cordoue*).

756-88. ABDERRAHMAN I. Les *Ommiades* venaient d'être détrônés par les *Abbassides*, 750; Abderrahman, échappant au massacre de tous les siens, s'était caché en Afrique. En 756, il ramasse quelques déterminés aventuriers, passe le détroit, bat le gouverneur *Iouçouf* qui, lui aussi, voulait se faire indépendant; force les *émirs du nord* à lui rendre hommage, et prend à *Cordoue* le nom de *kalife*. L'Espagne, qui n'a jamais aimé à être province, seconde cette révolution. Aussi, les *émirs d'Afrique* l'attaquent-ils en vain : il défait les armées, il déjoue les complots. Mais *Pépin-le-Bref* lui prend la *Septimanie*, 759; *Charlemagne*, aidé des émirs rebelles d'*Huesca*, de *Saragosse*, fait de la région au nord de l'Ebre la *marche d'Espagne*, coupée en deux par les deux émirats : *Froïla Ier* défait ses troupes à *Pontumo*. Sage, tolérant, économe, humain, savant, Abderrahman légua un grand modèle à sa postérité; il faisait des vers, il laissa de grands trésors. Il commença la *mosquée de Cordoue*.

788-96. HÉCHAM Ier vainquit à *Vilch* deux *frères aînés* trop puissants par leurs *apanages;* fit envahir par *Abdallah*, son général, la marche de l'Ebre et la Septimanie, 793; recouvra Barcelone; mais est surtout célèbre par ses belles *constructions à Cordoue*.

796-822. HAKEM Ier tint sur pied des *troupes régulières et permanentes*, et une *flotte* qui fit la *course* en Italie, en *Corse*, en *Sardaigne*. Il perdit pourtant *Lérida*, *Huesca*, *Barcelone* et *les Baléares* que prirent les Francs. Ses *oncles*, déjà battus par Hécham, reprirent les armes : l'un périt en combattant, 800; il fit la paix avec l'autre. Les gouverneurs de *Mérida*, de *Tolède*, de *Saragosse*, profitaient de chaque occasion de révolte. Il eut même à comprimer une *émeute à Cordoue*,

818 : il la punit avec la dernière sévérité, et déporta en Afrique plus de 15,000 hommes qui, plus tard, s'établirent en *Crète* et devinrent, sous le nom d'*Andaloux*, de *fameux pirates*. Vieux, il eut des *accès de folie*. Sa *bibliothèque* se montait, dit-on, à 400,000 volumes.

822-52. ABDERRAHMAN II eût eu toutes les *vertus d'un grand prince*, s'il eût toléré le christianisme : il persécuta, il fit des martyrs. Enfin, s'étant modéré, il assembla un *concile à Cordoue* pour régulariser l'état des chrétiens. Comme *Hakem*, il eut sur les bras son *grand-oncle Abdallah*, qu'il ne calma qu'en le nommant *émir de Murcie*. Suivirent deux *révoltes* (à *Mérida*, à *Tolède*), il eut peine à les étouffer. En 844 l'Espagne arabe fut comme tout l'*ouest de l'Europe* en proie aux Normands.

852-886. MOHAMMED Ier ne fut pas un moment sans avoir à vaincre des *rebellions que secondaient les chrétiens*, sans *exciter chez les chrétiens les rebellions* qu'il étouffait chez lui. Le principal rebelle fut *Ben-Hafsoun*, qui, chef de bandits d'abord, se fit un *petit état en Aragon*, défit longtemps les troupes du kalife, mais enfin fut défait au combat d'*Aybar* avec son ami *Garcie Igniguez*, roi de Navarre, et mourut de ses blessures, laissant beaucoup encore à son fils *Kalib*, qui s'intitula roi. Mohammed avait été sans cesse en guerre avec *Alfonse-le-Grand* : inférieur d'abord, il eut ensuite des *avantages*, et poussa jusqu'à *Benevente* et à *Léon*, 869, mais enfin éprouva de nouveaux *revers*, et fut vaincu sur l'*Orbiga*, 878. — 886-888. ALMONDHIR s'était signalé contre *Ben-Hafsoun*; il voulut combattre *Kalib*, alors maître de *Huesca*, *Saragosse* et *Tolède*, mais ne réussit qu'à se faire battre et tuer à *Hisn-Vebda*. — 888-912. ABDALLAH (frère d'*Almondhir*) eut moins de malheur, quoique les émeutes continuassent. S'il ne put réduire *Kalib*, qui poussa jusqu'à *Calatrava*, il triompha de son frère *Alcaam* et de son fils aîné *Mohammed*; il déjoua les tentatives des gouverneurs, grâce à la bravoure de son fils puîné *Abderrahman-el-Mouzaffer* (ou *le Victorieux*). A sa mort pourtant des provinces entières se déclaraient pour le kalife de Bagdad. C'est sous Abdallah, 890, que des Arabes d'Espagne imaginèrent de prendre poste à *Fraxinet*, et, de ce *repaire inexpugnable*, pillèrent à tour de rôle la Gaule et l'Italie 82 ans durant.

912-61. ABDERRAHMAN III, fils du rebelle *Mohammed*, releva l'empire. Plus d'émirs, plus de villes rebelles ! *Ceuta*, *Tanger* et tout le *Maghreb* devinrent province de son empire à la chute des *Édrissites*, 930, et se révoltèrent en pure perte, 960. Moins heureux contre les *chrétiens*, il perdit *Madrid* et vit menacer *Saragosse*, 932; ne put entrer par *Osma* dans le *royaume de Léon*, 933, et ne reprit *Osman*, *Gormaz*, etc., que pour être vaincu à *Simancas* et à *Talaveira*, résultat naturel de la *dispersion de ses forces au nord et au sud*, et de l'impatience arabe qui laissait les *conquêtes à demi faites* pour en ébaucher d'autres. Sous lui l'*Espagne arabe* atteignit le *plus haut point de prospérité*. *Constantin VII Porphyrogénète* lui envoya des ambassadeurs pour l'engager dans une guerre contre le *kalife d'Orient*, et lui-même en envoyait à l'empereur *Othon Ier*.

961-76. HAKEM II s'occupa surtout d'ajouter à la richesse du pays : il la porta au comble, bien que, trop fidèle au *Koran*, il extirpât les deux tiers des vignes, et bien qu'il ait introduit en Espagne la *mesta*, ou droit à tout berger de faire parquer ses troupeaux sur les champs riverains des fleuves comme sur terrain vague.

976-1006. HÉCHAM II était mineur : sa mère *Zobeiha* choisit pour *hadjib*, ou premier ministre, l'illustre *Abderrahman*, la terreur des chrétiens d'Espagne. Tandis qu'Hécham restait au harem, livré au plaisir, étranger aux affaires, Abderrahman volait de l'Afrique au *Duero*, 983-94; livrait 56 batailles, entre autres celle de l'*Ezla*; prenait *Léon*, *Astorga*, 996 ; s'avançait au-delà de *Coïmbre* jusqu'à *Braga*, 979. C'en eût été fait des petits royaumes de *Léon* et de *Navarre*, si Abderrahman n'eût point divisé ses coups en portant si souvent ses armes en Afrique, et s'il n'eût été blessé mortellement à *Calat-Anosor*, 999. Ses 2 fils le remplacèrent mal.

Abderrahman, le 2e, voulut se faire déclarer *héritier du kalife*. Un cousin d'Hécham, *Mohammed II*, prit les armes, et profitant de l'absence du jeune ambitieux, se fit proclamer *hadjib* à Cordoue, puis mit en croix son rival, et, sur le bruit de la mort d'Hécham, fut salué kalife.

1006-09. MOHAMMED II fut bientôt détrôné par la *garde africaine* qu'il avait voulu licencier, et chercha un asile à *Tolède*.—1009. SOLIMAN, son vainqueur, prend sa place; mais vaincu près d'*Acharalbacer*, il laisse *Cordoue* et le trône à *Mohammed*, le bat encore pourtant *près du Guadiato*, apprend bientôt qu'*Hécham*, remis sur le trône par le Slave *Vadha*, 1009-12, a tué Soliman; excite le fils du mort, *Obeidallah*, émir de Tolède, à venger son père; et quand le rebelle défait par Vadha a eu la tête tranchée, entre dans *Cordoue* et reprend la couronne. Mais vainement il croit gagner les *émirs*, les *valis* en déclarant leurs *gouvernements héréditaires: Ali l'Edrissite* et *Alcacim*, son frère, partent de *Ceuta* et d'*Algésiras*, pour l'attaquer au nom d'*Hécham*, qu'ils disent vivant. La *bataille de Talca* décide contre Soliman. Maître de Cordoue, Ali le tue de sa main.—1016-17. ALI devait son succès au Slave *Haïran*, il le mécontente. Aussi Haïran proclame-t-il à *Jaën* ABDERRAHMAN IV, que reconnaît presque toute l'Espagne. Dès 1017, Ali est tué au bain par ses esclaves. IAÏÉ, son fils, et ALCACIM, son frère, sont chacun élus par un parti, et une *guerre entre les Alides* complique celle des *Alides contre les Ommiades*. Enfin, Iaïé l'emporte, et marche contre Abderrahman IV, qui a pris Cordoue et qui est en train de vaincre, quand il meurt sur le champ de bataille, 1023.—ABDERRAHMAN V, frère de *Mohammed II*, le remplace quelques mois. MOHAMMED III, son cousin et son assassin, ne règne qu'un an et demi; chassé, il se sauve à *Tolède*, et y meurt de poison. IAÏÉ, qui a gardé *Tanger*, *Ceuta*, *Malaga*, est rappelé, 1024, et périt en 1026, dans une embuscade, en allant combattre l'émir de Séville *Aben-Adad*. Alors on alla prier un dernier Ommiade, le sage HÉCHAM III, d'accepter le sceptre; il céda en pleurant. Il commença, 1026, par rester trois ans à la tête de l'armée pour défendre ses frontières, il s'efforça de faire sentir aux grands et à tous le besoin de l'union : las, enfin d'efforts stériles, il dit adieu au trône, à Cordoue, à une génération « qui ne savait ni commander ni obéir,» 1031, et alla mourir en paix au fort de *Hasn Abi Xarif,* 1038. L'Espagne arabe était en lambeaux : *Murcie, Grenade, Badajoz, Saragosse, Valence, Séville, Mérida, Tolède, Lisbonne, Majorque* et *Cordoue* étaient autant de *royaumes ;* on en comptait 19.

§ 7. Royaume d'Oviédo, des Asturies ou de Léon, 714.—1038.

Ce petit état dura 320 ans; il fut longtemps le seul état chrétien d'Espagne : il comprit d'habitude *Asturies, Galice, provinces basques* et *le nord de Léon;* mais *au sud* ses limites varièrent, suivant le plus ou moins de force des kalifes; il eût été détruit si ceux-ci l'eussent fortement voulu; mais ils le dédaignaient, à tort il est vrai, car cette *guerre perpétuelle* qui consistait en excursions, en surprises et en pillage, tarissait sur une moitié du sol les sources de la prospérité publique. Le pays, de 10 lieues au nord du Duero à 10 lieues au sud du Tage, était comme une *marche* presque *inculte,* semée de forts, et où l'on bataillait sans cesse. C'est au sud et à l'est que l'Espagne offrait ce riche aspect décrit plus haut ; au nord, peu de culture, point d'industrie ; au milieu, le champ de bataille, la *croisade de 700 ans.*

718. Pélage, issu du sang de *Chindasvinde,* s'était, dit-on, retiré dans les *monts des Asturies :* vainqueur des *Arabes* à *Deva,* il fut salué roi dans la *grotte de Cavadonga,* fit *Gijon* sa capitale, et mourut en 737.— Favila, son fils, fut tué à la chasse après 2 ans de règne.

739-57. Avec Alfonse Ier, *le Catholique,* commence la vraie *dynastie de Léon.* Alphonse, gendre de *Pélage,* descendait de *Recarède Ier.* Il posséda *toutes les Asturies* et *l'Alava,* puis prit *Astorga* et *Léon, Lugo* et *la Galice, Porto* et *Braga.*—757-68. Froïla, son fils, après son succès de *Pontumo*, fonda *Oviédo*. Sa morgue et le meurtre de *Bimarano*, son frère, le firent assassiner à son tour. — 768, 774, 783. AURELIO, SILO, MAUREGAT se succédèrent rapidement : fils d'une *captive maure* et de *Froïla*, le dernier payait, dit-on, au kalife, un tribut de jeunes chrétiennes pour le harem. — 788-91. BERMUDE Ier, *le Diacre*, frère d'*Aurelio* et cousin de *Froïla*, sortit du cloître pour régner, et y rentra dès qu'il eut fait élire roi *Alfonse II*, au champ de victoire de *Burraba*.

791-835. ALFONSE II, *le Chaste*, doubla le courage des *Goths* par la *miraculeuse découverte du corps de saint Jacques*, le patron de l'Espagne ; chassa les Arabes de la Galice par ses avantages à *Lodos*, à *Lugo*, les battit en *Biscaie*, ravagea souvent leurs terres et prit *Lisbonne* qu'ensuite il perdit. Mais il eut à réprimer des *révoltes* : *Theudès*, entre autres, le tint longtemps enfermé au *cloître d'Abalia*. Il fit d'*Oviédo* sa résidence. Sa mort eut lieu en 842 ; en 835 il abdiqua. — 835-50. RAMIRE Ier, l'aîné de ses fils, se signala par la victoire de *Logrogno* sur *Abderrahman II* ; *Logrogno* et *Calahorra* en furent le prix. 850-66. ORDOGNO, le puîné, défit l'émir *Mouça de Saragosse* près d'*Albaga*, ruina une flotte qui menaçait le Portugal, prit et démantela *Salamanque* et *Coria*, et mit en fuite les *Normands* venus pour dévaster la *Galice*. *Voy*. § 6, ABDERRAHMAN II.

866-910. ALFONSE III, *le Grand*, son fils, contemporain des trois kalifes *Mohammed I*, *Almondhir*, *Abdallah*, fut très malheureux d'abord ; les Arabes vinrent jusqu'à *Benavente* et *Léon*, brûlant tout en route ; enfin il les refoula au sud du *Duero*, leur prit et peupla de chrétiens *Lamego*, *Viseu*, *Coïmbre*, 872 ; les battit près de l'*Orbiga*, 878 ; s'unit à l'émir rebelle *Abenlope de Saragosse* et fit des courses jusqu'au *Tage* : après six ans de trêve employés à rebâtir et à fortifier les villes, il fut encore vainqueur sur *l'Ezla* : en tout 30 campagnes contre les Arabes. Il battit aussi les *Normands*, et c'est surtout contre eux qu'il fortifia ses places. Ses *nobles* en firent autant ; la *féodalité* en devint plus *forte*, plus *prompte aux révoltes* (*Ado*, *Ermgild*, *Vitiza*, les deux *Froïla*), les kalifes les excitaient souvent. Enfin en 907 *Garcie* son fils aîné se fit chef des rebelles ; Alfonse, après trois ans de guerre civile, abdiqua, 910, et mourut en 911 vainqueur des Arabes à *Zamora* comme général de Garcie.

910-13. Le royaume fut divisé : GARCIE régna trois ans dans les *Asturies et Léon*, fortifia *Osma*, *Coca*, etc., et fit des *courses jusqu'à-Cordoue*, tandis que son frère ORDOGNO II avait la *Galice*. ORDOGNO eut tout ensuite, 913-23 : très brave, il hacha les Arabes à *Saint-Étienne de Gormaz*, mais il fut battu avec le roi de Navarre *Sanche I* à *Junquera*, 921 ; et si les Arabes se fussent jetés sur Léon au lieu de courir en France, il était écrasé. Sous lui *Léon* devint capitale au lieu d'*Oviédo*. 923-24. Un troisième frère, FROILA II, ne régna qu'un an.

924-927. De deux fils d'Ordogno II, l'un, ALFONSE IV, *le Moine*, abdique ; l'autre, RAMIRE II, 927-50, en 23 ans de régne, étouffe la révolte de ses cousins, les trois fils de *Froïla II*, et celle d'*Alfonse IV* qui regrette le trône ; prend *Madrid*, 932, et menace *Tolède* ; reçoit hommage et tribut d'*Aben Ahia*, émir de *Saragosse*, 934, qui pourtant le trahit ensuite ; bat les troupes du grand *Abderrahman III* à *Osma*, 933, et à *Simancas*, 938, et lutte autour de *Zamora* sans cesse prise et reprise.

950-55. ORDOGNO III, son fils, pousse jusque près de *Lisbonne*, mais laissant deux fils, au détriment desquels son frère SANCHE I *le Gros* se fit proclamer. Mais un autre usurpateur, ORDOGNO IV, leur cousin, fils d'*Alfonse-le-Moine*, chassa l'enfant, 958-60. Ses *crimes*, qui le firent nommer *le Mauvais*, le firent expulser à son tour. Sanche, qui s'était retiré à Cordoue, revint, de l'aveu d'*Abderrahman III*, 960-64.— RAMIRE III, son fils, 964-82, après une *minorité assez orageuse*, fut gouverné par sa mère *Urraque*, ne put vaincre *Bermude II* son cousin que la *Galice* venait d'élire roi, lui abandonna la *Galice*, et mourut sans enfants.

982. Le trône revint alors à la *postérité d'Ordo-*

gno III, qui fournit trois princes de père en fils (*Bermude II*, *Alfonse V*, *Bermude III*).— 982-99. BERMUDE II, réunissant *Léon et Galice*, eut en tête le formidable *hadjib d'Hécham II;* vit tout son royaume à feu et à sang, hors 3 ou 4 places de Galice, mais fut sauvé par la *journée de Calat-Anosor*, 999.—999-1027. ALFONSE V, sorti de minorité, profita des dissensions et de la décadence des Arabes pour rebâtir ses villes ruinées, *Léon*, etc. Il fut tué d'un coup de flèche au *siége de Viseu*.— 1027-35. BERMUDE III vit s'installer en *Castille*, 1028, l'ambitieux *Sanche III de Navarre* et eut bientôt avec lui des démêlés pour les frontières : la paix se fit en 33, et Sanche mourut en 34. Mais dès 37 la guerre reprit avec ses fils, et Bermude périt sans postérité. Sa sœur *Sancie* avait épousé un fils de Sanche, *Ferdinand I, roi de Castille*, qui prit alors possession de l'*état de Léon*.

§ 8. Autres états chrétiens jusqu'à 1035.

1. *Royaume de Navarre*. La *Navarre*, petit *pays au sud-ouest de la France, sur les deux versants des Pyrénées*, était surtout peuplée de *Basques* et n'avait que faiblement dépendu des *Goths*. Elle servit de passage et de retraite aux *Vascons émigrants* ou *rebelles*, 586-631. Les Arabes y mirent le pied, mais dès 778 *Charlemagne* la leur ravit et s'empara de *Pampelune;* puis, quoiqu'il l'eût perdue, et qu'à *Roncevaux* il eût un peu souffert de l'attaque des naturels, toujours hostiles à des maîtres étrangers, il comprit la Navarre dans la *marche d'Espagne;* en 806 même Pampelune fut soumise de nouveau. Mais *Louis-le-Débonnaire* son fils perdit derechef la Navarre, et pour jamais. Une *ligne des Mérovingiens, issue d'un frère de Dagobert I*, dépouillée de l'*Aquitaine* et traitée cruellement par les *Carlovingiens* dont elle eut la gloire d'être l'opiniâtre adversaire (631-816), le supplanta. GARCIE XIMENEZ, sixième descendant du duc *Eudes d'Aquitaine*, s'étant réfugié aux *Pyrénées*, s'y fit proclamer roi en 825; et c'est à tort qu'on nomme la dynastie des rois de Navarre *maison d'Aznar* (Aznar

son parent n'était que *vicomte de Soule*). A Garcie Ximenez, mort en un combat, succédèrent ses fils, 1° IGNIGO *Arista*, 842, qui eut pour successeur immédiat GARCIE *Igniguez*, son fils, tué au *combat d'Aybar*, 882; 2° FORTUNIO, qui abdiqua et prit le froc, 906; 3° SANCHE I *Millara*, duc de *Gascogne*, qui mourut en 930, presque centenaire, après avoir fait chaque année, de 907 à 919, une expédition contre les Arabes et vengé la *défaite de son fils à la Junguera*, 921. — GARCIE I, son fils aîné, n'eut que la *Navarre*, 921-70, tandis que la *Gascogne* passait à *Garcie I, le Courbé, tige des Armagnacs*. Garcie I épousa l'*héritière du comté d'Aragon* (bien moins grand que la *province moderne de ce nom*, qui *presque toute* était *aux émirs de Saragosse et d'Huesca*). Ses troupes aidèrent à la *victoire de Simancas*, 938. — SANCHE II, *Abarca*, son fils, 970-94, eut des *avantages sur les Arabes* et augmenta son royaume d'un tiers en se mariant à l'*héritière du comté de Jaca*. — Il fut père de GARCIE II, dit *le Trembleur* malgré sa bravoure, et un des vainqueurs de *Calat-Anosor*. — 999-1035. Son fils SANCHE III, *le Grand*, par son mariage avec *Elvire, héritière de Castille*, devint, après la *fin tragique de Garcie* son beau-frère, 1028, *comte de Castille;* d'où, en 1033, *guerre avec Bermude III* pour ses frontières : la paix stipula plus nettement que par le passé l'*indépendance de la Castille* et maria la *sœur de Bermude* à *Ferdinand* son fils, à qui Sanche abandonnait soudain la Castille. Ce 4e *mariage* allait donner à sa maison le *royaume de Léon;* 2 ans après sa mort, la *maison de Récarède* s'éteignait avec *Bermude*, et les 4 fils de Sanche, tous 4 rois (*Garcie III* en *Navarre*, *Ramire* en *Aragon*, *Ferdinand* en *Castille*, *Gonçale* à *Sobrarbe*), occupaient *seuls tous* les trônes de l'Espagne chrétienne.

2. *Comté de Castille.* Il consista d'abord en *quelques chateaux* ou *castilz* au sud de l'Ebre, tenus par des *Goths*, *ennemis des Arabes;* un *faible lien féodal* en attachait les maîtres *au roi d'Oviédo*. Vers 906 les *comtes de Castille* étaient puissants et souvent rebelles.

Mougno aida son gendre *Garcie I* contre *Alfonse III*. *Ferdinand Mougnez* son fils fut attiré à *Léon* et mis à mort par *Ordogno II*, 922. *Burgos* alors établit un *gouvernement républicain* régi par deux *juges*. Mais bientôt le fils de Mougnez, *Gonçale Fernandez*, redevint comte de Castille. FERNAND *Gonçalez*, son fils, se fit reconnaître comme *indépendant* par *Sanche-le-Gros* qu'il secondait, 960, et fut père de GARCIE *Fernandez*, le *héros de Calat-Anosor*. Pris par les Arabes, Garcie mourut en 1105, ayant été comte 35 ans. SANCHE *Garcias* son fils conquit *Sépulvéda* et allait se marier à *Sancie*, sœur de *Bermude III*, quand les *comtes de Véla* l'égorgèrent, 1028. *Elvire* sa sœur et son héritière avait épousé *Sanche III* de Navarre. La Castille, après avoir été 200 *ans fief nominal des Asturies*, *et* 68 *ans indépendante*, grossit donc les possessions de Sanche; mais dès 1033 tout en restant à *la maison de Navarre*, elle redevint un *royaume à part* sous *Ferdinand I*, et bientôt elle *absorba ce royaume de Léon* qui l'avait vue un de ses fiefs.

3. *Comté de Barcelone*. *Charlemagne* prit *Barcelone* en 778, le perdit en 793, le recouvra en 801 : la *Ségre*, *l'Ebre*, bornèrent le district environnant. Joint à la *Navarre*, ce pays forma la *marche d'Espagne* ou *de l'Ebre*, coupée en deux par *Huesca* et *Saragosse* et divisée en *comtés*. En 817 la marche fut comprise dans le *duché de Septimanie*. Diminuée de la *Navarre*, 825, mais accrue au nord et comprenant le *Roussillon* actuel et *l'est de la Catalogne*, la marche d'Espagne fut nommée *marche de Barcelone*, mais fut scindée aussi en nombreux comtés, *Urgel*, *Cerdagne*, *Besalu*, etc., plus *Barcelone* qui en 967 fut conféré au *comte Borel*. Sa postérité réunit peu à peu les autres fiefs; nous la verrons sur le trône d'Aragon. 1151, bien que jusqu'à 1258 le comté relevât de la France.

§ 9. Castille pendant la septième période.

L'*isolement du royaume de Grenade*, qui reste seul des états arabes, 1265, et la *mort de Jacques* Ier en Aragon, 276, *d'Alfonse X* en Castille, 1284, termineront cette 7e période : les *Maures* remplacent les Arabes, la prépondérance passe aux *chrétiens*, et parmi ceux-ci la *Castille* et l'*Aragon* grandissent, la *Navarre* décline, le *Portugal* naît et cesse d'être partie de l'Espagne. Dans les trois premiers la *dynastie mérovingienne* s'éteint et par mariage fait place à trois maisons françaises (*Bourgogne*, 1112; *Barcelone*, 1151; *Champagne*, 1234). Le *régime féodal* est *dans toute sa force*, les *communes* sont *riches*, les *localités* ont leurs *us*, leurs *franchises* et y tiennent : ces us et franchises forment presque une *constitution*, *mêlée*, surtout en Aragon, *d'éléments républicains* : des *cours* ou *cortès*, assemblées nationales, où d'abord ne figurent que les nobles, divisés en *ricos hombres* ou *altos hombres*, et *infanzones* (*caballeros* et *hidalgos*), et le clergé, mais où, dès 1133, les communes envoient leurs députés et opposent de dures *entraves à la royauté*; des comités ou *juntes* gouvernent souvent avec elle. Mais tant que la guerre au Koran offre des dangers et occupe l'énergie chrétienne, l'esprit de faction use peu de ces moyens de désordre.

1033-65. FERDINAND Ier, après la *victoire de Carrion*, soumit sans peine le *royaume de Léon* (voy. § 7 et 8); reprit aux Arabes *Lamégo*, *Viseu*, *Coïmbre* même, malgré la belle défense d'*Aben-Adad de Séville*, 1045; assujettit au tribut les rois de *Tolède* et de *Saragosse* (*Ismaïl*, *Almoktader*), 1046 et 63, ainsi qu'*Abou-Amrou*, fils d'*Aben-Adad*; reprit à *Garcie III de Navarre*, son frère, vaincu et tué au *combat d'Atapuerca*, plusieurs districts, 1051; défit et vit périr de même son autre frère *Ramire Ier d'Aragon* à *Grados*, 1053, mais sans y rien gagner, et mourant fit de ses états 3 royaumes, *Castille*, *Léon*, *Galice*.

1065-72. SANCHE II, son fils aîné, battit à *Santarem* et dépouilla le roi de Galice, GARCIE II, 1068; spolia de même le roi de Léon, ALFONSE VI, défait près de *la Pisuerga* et à *Golpejares*, 1071, et était en train d'ôter à ses sœurs leurs apanages (*Toro*, *Zamora*), lorsqu'il périt assassiné. — 1072-1103. ALFONSE, peut-être auteur du meurtre, réunit seul les trois états; enlève à *Iaïé*, fils d'*Almamoun*, qui lui a donné asile, le *royaume de Tolède*, et fait de Tolède sa capitale; mais en menaçant ainsi Séville, décide treize *émirs* ou *rois* à implorer la venue des *Almoravides;* se fait battre à *Zalacca* et appelle tantôt *le Cid* avec lequel sans cesse il se brouille, se réconcilie et se brouille, tantôt des *aventuriers français;* arrête un peu, grâce à eux, la fougue *des Maures;* mais donne à l'un des chefs ce qu'il a du *Portugal*, à l'autre (*Raimond de Bourgogne*) *Urraque* sa fille; n'en perd pas moins, en 1108, la *bataille d'Uclès*, où tombe son fils unique, et en meurt de chagrin.

1108-12. URRAQUE, veuve de *Raimond*, venait d'épouser *Alfonse I* d'Aragon (*Alfonse VII*, en Castille). Mais ce prince veut régner seul, enferme Urraque, et après une réconciliation la répudie. Urraque lève des troupes, est battue à *Sépulvéda,* mais est bien reçue en *Galice* et y couronne son jeune fils, fruit de son premier mariage.

1112-57. ALFONSE VIII, en qui commence la *dynastie de Bourgogne*, avait six ans; sa mère fut régente. Malgré ses vices et son orgueil, elle recouvra beaucoup de places. Majeur, Alfonse, las de la tyrannie de sa mère, la relégua en un cloître, 1125. En 1128, il obtint d'*Alfonse VII*, la *renonciation à la Castille.* Mais vainement à la mort de ce prince il voulut, à son tour, faire de l'Espagne un *empire unique*, et réclama l'Aragon et la Navarre, 1134; seul, *Garcie IV* se reconnut son vassal, encore, en 1140, se permit-il de le vaincre à *Pampelune*, et dès lors de rompre l'hommage, comme *Alphonse de Portugal* après sa *victoire d'Ourique* sur les *Maures*, 1139. Le glorieux Castillan en fut pour se faire couronner *empereur* à Tolède, beau titre, mais vide de sens. Plus heureux contre les Musulmans, Alfonse en *Andalousie* prit beaucoup de places *entre Tolède et la Sierra Morena*, 1138-46, fit quelque temps ses tributaires *Ibn Gama* de Cordoue, *Abenlope* de Murcie (après la prise d'*Almérie*, 1147) et s'empara de *Calatrava*. Qui croirait qu'après avoir tant rêvé la réunion de l'Espagne sous un même sceptre, Alfonse partagea son royaume entre ses deux fils après 76 ans de séparation ?

1157-1230. *Branche de Castille.* 3 rois en 66 ans; plus, 13 ans, un roi de la branche de Léon. SANCHE III fonda *l'ordre religieux et militaire de Calatrava*, formé surtout de *Templiers*, 1158, et mourut la même année. ALFONSE IX, *le Bon*, *le Noble*, son fils, 1158-1214, en régna 56. Les familles de *Castro* et de *Lara* se disputèrent la régence sous sa minorité. En 1177 il prit *Cuença*, mais *l'Almohade Iakoub* le battit près d'*Alarcos*, 1195. Sanche s'en vengea sur *Sanche VI de Navarre*, et ravit à ce tiède allié les *trois provinces basques*. Plus tard il eut part à la grande *journée de las Navas* (Voy. § 10 et 11) 1212, et institua *l'université de Palencia*, 1208. Son jeune fils, HENRI I ne survécut, que 3 ans à son père, 1213-17. BÉRENGÈRE, sa sœur, 2e femme d'*Alfonse IX de Castille*, fut proclamée, mais abdiqua pour Ferdinand son fils, qu'en vain *Alfonse IX* voulut déposséder, et qui fit des *excursions* chez les Maures jusqu'à Martos, 1224.

1157-1230. *Branche de Léon.* Léon, pendant ce temps, n'eut que deux rois : FERDINAND II, mort en 1188 après avoir fondé les deux *ordres de Saint-Jacques de Compostelle et d'Alcantara*, 1176; ALFONSE IX, qu'il ne faut pas confondre avec *Alfonse IX de Castille*, son cousin, et qui, après avoir été un des *héros de las Navas*, prit *Caceres* et *Mérida* aux *Maures*, fonda la célèbre *université de Salamanque*, mais eut le tort de voir d'un œil jaloux son fils *Ferdinand* régner en Castille et de lui faire deux ans une guerre inutile.

1230-52. A sa mort, FERDINAND III, *le Saint*, maître de *Léon* et de *Castille*, hâta la décadence des Maures en battant à *Xérez* l'habile *Ben Houd* qui allait former un *grand empire des débris des Almohades*, et en prenant Cordoue. De là, le *roi de Murcie tributaire*, 1243; le *roi de Grenade réduit au vasselage*, 45; *Jaën*, *Séville*, *Xérez*, *Cadix*, *toute l'Andalousie conquise*. Encore 2 règnes pareils, il ne restait plus un trône aux infidèles en Espagne. Ferdinand aussi fit preuve de génie politique en interdisant dorénavant *tout partage de l'état.*

1252-84. ALFONSE X, *le Savant* ou *l'Astronome*, songeait à porter en Afrique le théâtre de la *guerre maure;* mais le manque d'argent, les *révoltes d'Henri, de Philippe*, ses frères, 1259 et 70; l'idée bizarre d'accepter, de briguer même la *couronne impériale d'Allemagne*, 1257-73, l'en empêchèrent. Du moins, sut-il réunir à sa couronne le petit *état de Niebla,* 1259, battre les *Grenadins* et *Maroc*, 62, et faire faire pour lui la *conquête de Murcie* par *Jacques Ier d'Aragon*, 1266. Alors survinrent les *Mérinites* (§ 15), et leur début à *Jaën*, à *Ecija*, épouvanta l'*Espagne chrétienne;* mais *l'infant don Sanche* fit voir à *Martos* qu'on pouvait les vaincre et renvoya bientôt *Aben-Iouçouf* à Maroc, 1277-80 : victoire funeste, peut-être, car elle amena la guerre civile! L'aîné de don Sanche, *Ferdinand de la Cerda*, était mort laissant 2 fils : Sanche aspira au trône; Alfonse dit oui, les *cortès de Ségovie* votèrent comme il voulut. Alfonse avait commis bien des fautes en administration : ses *folles dépenses*, ses *altérations de la monnaie*, les *factions* qui divisaient sa cour, le faisaient mépriser et haïr; *l'acte de* 1280 y mit le comble, et il le vit bientôt. Dès 1281, ayant parlé de donner *Murcie* aux déshérités, il indigna Sanche à tel point que ce fils ingrat prit les armes, aidé du *roi de Grenade*, et Alfonse *s'allia au Mérinide!* Sanche, ne pouvant tenir la campagne, s'enferma dans l'inexpugnable *Cordoue*, et son père, annulant sa première décision, le maudit et le déshérita, 1282, le tout en vain, car Sanche lui succéda, 1284. Alfonse avait donné un code (les *Siete Partidas*) à la Castille et fait dresser les *Tables astronomiques*, dites *Tables Alfonsines*.

En résumé, la Castille, pendant ces 249 ans, est très brillante. Aux 4 provinces 1res (*Asturies*, *Galice*, *Léon*, *Castille Vieille*). Alfonse VI et Alfonse VII ont joint la *Castille-Nouvelle ;* Alphonse IX de Léon, l'*Estramadure ;* Ferdinand III, l'*Andalousie ;* Alfonse X, *Mur-*

cie; et les 3 *provinces basques* perdues en 1035 ont été recouvrées par Alphonse IX de Castille. Les *Maures* qui sont venus secourir leurs *co-religionnaires*, les *Arabes*, n'ont pas longtemps été redoutables, et ne peuvent jamais le redevenir. Mais déjà se montrent, avec la guerre de don Sanche, les *symptômes des factions et rébellions* qui caractériseront l'époque suivante, et ajourneront 200 ans la fin des Maures et la naissance d'une vraie et forte monarchie.

§ 10. Aragon pendant la septième période.

La *dynastie mérovingienne d'Aragon* fournit au pays six souverains en 116 ans; *celle de Barcelone*, onze en 261 (plus six ou huit à la *Sicile*, cinq aux *Baléares*); *celle de Bourgogne-Castille* cinq en 133 ans. La septième époque s'arrête vers le milieu de la 2e dynastie.

1035-63. Ramire réunit, en 1038, le royaume de *Sobrarbe*, vacant par la mort de *Gonçale*, son frère; chercha, sans fruit, à s'emparer de la *Navarre*, 1042, et périt battu par *le Cid*, pour *Ferdinand*, à *Grados*. — 1063-94. Sanche Ier, son fils, sut se faire accepter comme roi de *Navarre* à la mort de *Sanche IV* (d'où 58 ans la *Navarre* jointe à l'*Aragon*, 1076-1134); s'unit aux princes voisins contre les *Aben-Houd de Saragosse*, et intervint dans leurs débats de famille; mais vit *le Cid*, champion d'*Almoktamen*, battre ses alliés près d'*Almenara*, le battre lui-même à *Morella*, et fut blessé à mort au *siége d'Huesca*. — 1094-1104. *Huesca* se rendit à son fils Pierre Ier après sa belle *victoire d'Alcaraz*, 1096. Il prit ensuite *Barbastro*, et menaça *Saragosse*, uni au Cid, devenu *comte souverain de Valence*, et qu'il aida, en 1097, à battre *Iouçouf l'Almoravide* à *Xucar*. — 1104-24. La cour de son frère, Alfonse Ier *le Batailleur*, était un camp où affluaient les *aventuriers*: s'il ne put, avec leur aide, garder la *Castille*, où quelque temps il régna, soit comme *époux d'Urraque*, soit à d'autres titres (§ 9), il conquit le *royaume de Saragosse*, *Tarragone*, *Daroca*; parcourut la *Manche* en vainqueur après la journée d'*Aranzuel,* mais fut défait à son tour devant *Fraga.* C'est en Aragon qu'en 1133 les *communes* envoyèrent leurs *premiers députés aux Cortès.* — 1134-37. Alfonse avait légué ses états aux *Templiers* et aux *Hospitaliers.* L'Aragon n'en proclama pas moins le moine Ramire II, 3e fils de *Sanche II,* et la *Navarre*, enfin séparée, un descendant de *Garcie III.* Ramire n'eut qu'une fille : à 2 ans il la fiança au comte *Raimond-Bérenger II de Barcelone* et rentra au cloître. — 1137-51. La jeune reine Pétronille n'épousa *Raimond-Bér*, qu'en 1151; mais ce prince fut *régent* dans l'intervalle et prit *Tortose, Lérida, Fraga.*

1151-62. Sous Pétronille et Raimond et par leur union, la *Cerdagne* et la *Catalogne,* quoique *fiefs français,* agrandirent l'Aragon. — 1162-96. Alfonse II leur fils, roi par l'abandon de sa mère qui vivait au cloître, hérita du *comté de Provence*, 1169; reçut, par legs, le *Roussillon*, 72; conquit *Téruel,* 69; menaça, de concert avec *Alfonse IX de Castille*, la *Navarre,* 72-79, et *refusa hommage à la France pour la Catalogne,* 82. — 1196-1213. Pierre II, son fils aîné, n'eut point la *Provence* (léguée par *Alfonse* au *jeune Alfonse* son puîné); mais *Marie*, fille de *Guillaume VIII,* lui apporta en dot la vaste *seigneurie de Montpellier.* Après avoir aidé *Alfonse IX de Castille* à spolier la *Navarre* il s'honora en l'assistant contre les *Almohades;* c'est lui qui décida l'éclatante *victoire de las Navas*, 1212. Il *intervint* ensuite pour ses beaux-frères *Raimond VI* et *VII, comtes de Toulouse,* proscrits comme *Albigeois;* mais il fut défait et tué à *Muret.* Ce prince était probe, magnanime, ami des lettres; il avait du talent comme *poëte provençal.*

1213-76. Jacques Ier, *le Conquérant,* n'avait que 5 ans; ses oncles, *Sanche et Ferdinand,* l'eussent *détrôné* sans l'*opposition des états d'Aragon* qui gagnèrent d'autant en importance; puis ils furent successivement *régents* et tinrent Jacques *presque captif.* Mais, en 1225, le jeune roi brisa le joug. Puis il prit *Majorque,*

Minorque, *Iviça*, 1229, 33, 35; intervint avec 60,000 hommes au *royaume de Valence* vassal depuis 1225, s'en fit céder 2 tiers avec *Valence* même par *Zéian*, 1238; enfin, ravit à ce roi sa nouvelle capitale *Denia*, *Xàtiva* et tout le pays, 1246-53, et soumit *Murcie* pour *Alfonse X*, 1266. *Louis IX*, par le *traité de Corbeil*, *dégagea* la *Catalogne*, le *Roussillon*, la *Cerdagne*, *de toute vassalité à l'égard* de la France. Valence reçut un *code*, la Catalogne et l'Aragon en eurent un aussi (*cortès d'Huesca*, 1247) : tous deux étaient remarquables par la *douceur des peines*. Jacques est le premier prince qui ait eu l'idée d'un *acte de navigation* (en 1227, il défendit que tout navire étranger prît cargaison pour le Levant s'il restait à Barcelone un vaisseau national sans chargement). C'est vers ce temps que Barcelone rédigeait le *Consulat des mers*, premier *code maritime* connu. Jacques fut moins sage quand, en 1244 et 8, il *partagea et repartagea ses états* entre ses trois fils, qui se réduisirent à deux. De 60 à 62, la guerre civile se fit avec fureur. Enfin, il fut dit que les états de Jacques feraient deux royaumes, *l'Aragon* (avec Valence et Catalogne), *Majorque* (plus Roussillon et Montpellier), fausse politique qui arrêta longtemps l'essor de l'Aragon. Le *royaume de Majorque* dura 7 ans; l'Aragon l'eut presque toujours pour ennemi. Ces fautes sont celles du temps. Jacques mourut comblé de gloire, riche des dépouilles des Maures et cité comme le modèle de la chevalerie : il avait livré 33 batailles, conquis 3 royaumes, *ouvert la mer* à l'Aragon qui, dès lors, visa aux *Deux-Siciles* et à la *Sardaigne*. La beauté de son âme égalait ses talents.

§ 11. L'Espagne musulmane pendant la septième période ; l'anarchie arabe, les Almoravides, les Almohades.

1. *L'anarchie arabe*. Des 19 états, *Cordoue*, *Séville*, *Tolède*, *Valence*, *Saragosse*, sont seuls remarquables. — Le *royaume* (et non plus le *kalifat*) *de Cordoue* obéit

d'abord à Genouar, jadis visir du sage *Hécham III.* Sa simplicité, ses réformes, sa prudente police adoucirent quelques plaies, 1031-44. Mais dès qu'il mourut, Mohamet, son fils, fut assailli par *Ismaïl de Tolède;* sa *victoire de Cordoue* semblait le sauver, mais le traître *Omar*, général de son allié le *roi de Séville*, fit proclamer son maître à Cordoue même. Mohamet était mourant; il expira. — Le roi de Séville était Aben-Adad, souche des *Adadides*, jadis *cadi* (ou juge) de Séville, devenu indépendant en 1022. Il survécut treize ans à la *prise de Cordoue* et laissa son *double royaume* à son fils, le chevaleresque Abou-Amrou, 1058-67, père de Mohamed Almotamed qui, après avoir aidé *Alfonse-le-Batailleur* à détruire ce *royaume de Tolède*, commode barrière entre les chrétiens et l'Andalousie, se vit menacé par son allié et n'eut d'autre ressource que d'appeler les *Almoravides*, 1086, qui bientôt l'envoyèrent vieillir obscur et indigent en Afrique. *Zaïde*, sa fille, fut femme d'*Alfonse VI.* — *Tolède*, dont la prise par *Alfonse* avait amené cette catastrophe, était devenu royaume sous Ben-Nais, que renversa cet Ismail ben Dilnoum, battu depuis devant *Cordoue*, 1045. Almamoun, son fils, 1061-76, paya tribut à *Ferdinand Ier* d'Aragon, reçut à bras ouverts *Alfonse VI* fugitif, et dirigea sur *Séville* et *Cordoue* une expédition brillante, heureuse d'abord, car il prit les deux capitales, mais brusquement finie par sa mort. De ses deux fils, l'aîné, Hacham, perdit l'Andalousie; le plus jeune, Iaïé, paya de la perte de son royaume de Tolède les conquêtes paternelles, 1085, mais du moins trouva un asile près du roi de Valence Aboubekr, puis lui succéda. — Près de lui régnait à Denia Alfagrib, fils d'*Almoktader.* Ce dernier, le plus grand des *Abenhoud*, bien que *tributaire de Sanche II*, avait réuni à son *royaume de Saragosse* (qui comprenait *Tolède*, *Huesca*, *Daroca*, *Lérida*) *Denia et Burriana.* A sa mort, 1081, ses fils, Almoktamen et Alfagrib divisèrent ses états; l'un eut *Saragosse*, l'autre

Denia, et bientôt ils furent en guerre. Survint le célèbre *Rodrigue Diaz de Bivar* qu'avaient salué du nom de *Cid* (seigneur) 5 chefs arabes, ses captifs sur le champ de bataille. Le Cid, un des plus braves guerriers d'un temps où tous étaient braves, avait servi *Sanche II de Castille ;* il lui avait assujetti *Almoktader* et gagné les batailles de *Grados, la Pisuerga* et *Golpejares :* autant de raisons d'être mal avec *Alfonse VI*, frère et successeur de Sanche. Aussi en vint-il, dès 1079, à *se dénaturaliser*, c'est-à-dire à quitter le service de son maître naturel, et à s'en chercher un autre avec ses vassaux : ainsi pouvait agir le *rico hombre* selon le *vieux droit* de Castille! En 1081 il prit parti pour *Amoktamen*, et remporta les victoires d'*Almenara* et *Morella* sur *Alfaghib et ses alliés*, 1082 et 4. Les *Almoravides* parurent alors. *Alfonse* implora le secours du *Cid*, lui cédant d'avance, à *titre héréditaire*, tout *ce qu'il enlèverait aux Infidèles*. Ni cette réconciliation, ni celle qui suivit, ne durèrent. Mais le Cid usa de la concession : il *prit Ondia sur Alfaghib*, *ôta Valence à Iaïé*, spolia les spoliateurs almoravides, et couronnant sa vie par la prise de *Murviédro* (l'anc. *Sagonte*) *se fit une principauté*, 1088-97. Deux ans après, l'année même de l'*entrée des croisés à Jérusalem*, il mourut; son fils fut tué à la guerre, sa principauté disparut. Mais sa fille fut mère de *Garcie IV de Navarre*, et son nom a retenti d'âge en âge dans les romances espagnoles, jusqu'à ce que la *tragédie de Corneille* le consacrât.

2. *Almoravides.* Les *Morabeth* (*Almoravides* en Europe) étaient des sectaires, affichant une rigidité rare et se prétendant les *seuls purs et parfaits*. Sous *Aboubekr*, leur premier chef, ils existèrent à l'état de secte avant d'être une puissance; mais en 1070, *Aboubekr* prit *Sedjelmess* et bâtit *Maroc*. — Son parent Ioucouf lui succéda, et appuyé sur la *tribu des Lamtouns*, prit *Fez*, *Ceuta*, et se substitua en Afrique aux *Zeïrides*, 1070-84, en s'intitulant *émir Al-Moumenim*. C'est lui qu'*Almotamed* appela contre la *réaction chrétienne*, qui allait

chasser le *Koran* de l'Espagne ; Iouçouf, à peine débarqué, refoula les chrétiens et releva l'islamisme par sa *victoire de Zalacca*, 1086; mais charmé du beau climat de l'Espagne, et voulant s'y fixer, il détrôna, non seulement *Almotamed*, 1087-95, mais les petits *rois de l'Algarve, de Béja, d'Evora, de Badajoz, des Baléares ;* il mourut en 1107, à cent ans. ALI, son fils cadet, lui succéda ; *Témim*, son aîné, battit *Alfonse VI* à *Uclès*, 1108, soumit *Lisbonne*, menaça les bords du *Duero ;* mais les *Almohades* pendant ce temps enlevaient l'Afrique (*Fez, Tlemsen, Ceuta*, etc.). Le fils d'Ali, TACHFIN, 1144, se noya en voulant fuir d'Oran, bloqué par eux, et ne laissait à son fils IBRAHIM que quelques villes, entre autres Maroc : 2 ans après Maroc tombait, et l'émir Al-Moumenim avait la tête tranchée avec les siens pour avoir retardé par son héroïsme le triomphe des *Almohades*.

3. *Almohades.* Ces rapides vainqueurs des Almoravides étaient comme eux des fanatiques, des *saints*, prêchant l'*extermination des idolâtres*, c'est-à-dire *des chrétiens. Abou-Adbdallah El-Mahadi*, leur premier chef, se qualifait *imam* ou roi-prophète et s'établit à *Tinmas* (pays de *Sous*), 1120. Son successeur ABDEL-MOUMEN, d'abord son visir, fit de ses sectaires les maîtres de tout le *Maghreb*, 1129-46, dépouillant et les *Almoravides* à l'ouest, et les *Hamadides*, et *Roger de Sicile* à l'est ; puis se précipita en Espagne où la chute des Almoravides laissait le champ libre aux *émirs indépendants* (*Ibn Gama* à Séville et Cordoue, etc.), et à la *prépondérance chrétienne* (victoire d'*Ourique*, par Alfonse Henriquez, 1139). Abdelmoumen fit quelques pas en Andalousie. IOUÇOUF son fils, 1064-84, tourna vers l'ouest, soumit tout jusqu'à *Santarem*, mais fut battu devant cette ville par *Alfonse*, 1184. IAKOUB, grand prince et grand général, éclipsa beaucoup son père ; sa victoire d'*Alarcos* sur Alfonse IX de Castille est la plus brillante des Almohades. Mais sous MOHAMMED, son fils, 1194-1213, les quatre rois chrétiens prirent une éclatante revanche à

las Navas de Tolosa; leur victoire fut le *coup de la mort pour les Almohades*, et même *pour l'islamisme en Espagne*, car dès lors son agonie commença. Si elle dura deux siècles et demi, ce fut la faute des chrétiens. Les Maures venus pour retremper les Arabes, *s'usaient* plus vite qu'eux; ils avaient beau se relayer, de ces nuées de rapides cavaliers bientôt on ne voyait plus trace; quatre générations tarissaient les races royales, pas une tribu ne fournissait glorieusement une carrière de cent ans, l'élan religieux ne pouvait porter au-delà du Tage. Une autre cause de l'*impuissance des Maures*, c'était leur *incompatibilité d'humeur avec les Arabes;* l'Arabe est industrieux et agricole[1], le Maure paresseux et nomade; l'Arabe est doux et fier, le Maure cruel et rampant. Les Musulmans d'Espagne devaient donc ou finir brusquement ou languir dans la décrépitude.

4. *Nouveau royaume de Grenade.* Motavakkel-*ben-Houd* avait voulu créer un *grand empire de Cordoue*, dont 3 royaumes, *Cordoue, Grenade, Séville*, déjà en ses mains, auraient été le noyau : il périt des mains d'un traître, et *Ferdinand III* prit *Cordoue*, 1236. Les petits *états de Murcie, Niebla, les Algarves, Xérez*, etc., et la *république de Séville* ne vécurent que peu d'années: Séville fut prise par *Ferdinand*, 1248; *Niebla* ouvrit ses portes, 1259; les autres états, sauf *Grenade*, périrent dans l'intervalle. Pour ce dernier royaume, Mohammed *I ben Alhamar*, qui l'avait fondé, s'était reconnu *vassal du roi de Castille* et avait été forcé d'aider à la chute de *Niebla*, de *Xerez*, etc. Ses successeurs revinrent sur cette vassalité; mais leur *infériorité*, leur *isolement*, n'en étaient pas moins les symptômes d'une *chute inévitable*. L'Afrique seule leur offrait des protecteurs; mais des trois états nés sur les ruines des Almohades (les *Abou-Hafzi*, les *Ben-Zian*, les *Mérinites*), aucun ne pouvait effrayer les chrétiens que par surprise ou si ceux-ci ne savaient pas user de leur force.

§ 12. La Castille pendant la huitième période ; suite de la maison de Bourgogne, y compris la ligne de Transtamare, jusqu'en 1474.

L'esprit de faction, l'anarchie, parfois la guerre civile, 4 minorités, voilà le tableau de la 8e période en Castille. Les *états* empiètent, usurpent. Grenade n'a que le souffle.

1284-95. SANCHE IV eut peu de peine à monter sur le trône ; les *La Cerda*, réfugiés en Aragon, y étaient comme en captivité sous *Pierre III*. Mais quand *Alfonse III* fit couronner l'aîné, 1288, Sanche alors signa le *pacte de Lyon* qui eût donné aux princes *Murcie en souveraineté* : ils refusèrent à tort, car *Jacques III*, successeur d'Alfonse, les sacrifia par la *paix de* 1271. Aidé d'escadres génoises, Sanche prit *Tarife* et incendia la *flotte de Maroc*. Mais à l'intérieur que de factions ! *Jean* son frère se révolta, il le réduisit, mais péniblement : il ne se tenait qu'en penchant tantôt vers les *Lara*, tantôt vers les *Haro*, sans rien leur ôter de leur puissance. — 1295-1231. FERDINAND IV à dix ans avait à faire face aux *Haro*, aux *Lara*, aux *La Cerda*, à deux oncles, *Jean* et *Henri*, qui exigeaient. l'un le trône, l'autre la régence, à l'*Aragon*, au *Portugal*, à *Grenade*, à la *France*. Tout semblait mûr pour un démembrement. Pour y parer, il fallut l'adresse de sa mère, *la régente Marie de Molina*. Des *cessions conditionnelles* firent taire le Portugal ; l'Aragon quitta la ligue dès qu'il eut *Alicante ;* les *Grenadins* furent défaits à *Jaën*, 1295 ; *Henri, associé à la régence, se déconsidéra* dans l'opinion. Marie triomphante garda le pouvoir, déjoua encore d'autres trames en 1296 et 1300, et après avoir été un instant en *disgrâce* près d'un fils que dominaient des *favoris*, reconquit son affection. L'*acte de Campillo* mit fin à l'*affaire des La Cerda*, 1305, qui s'éteignirent en 1357, après avoir reçu du pape la *couronne des Canaries*, où nul d'entre eux ne mit le pied. Majeur, le roi fit la guerre à Grenade, et après avoir manqué *Algésiras* prit *Gibraltar*.

1312-50. Sous ALFONSE XI, mineur ausssi, 2 reines, 4 ou même 7 princes briguent le pouvoir, que garde l'aïeule *Marie de Molina;* clergé, noblesse, villes, font assaut de désobéissance: les *Cortès à Palencia, à Sahagun* n'y peuvent rien. *Battus devant Grenade*, 1319, les infants n'en font pas moins la *guerre civile;* pour comble, Marie meurt, 1322. Enfin Alfonse majeur, 1324, oppose ruse et assassinat à l'anarchie, fait tuer le rebelle *Jean-le-Borgne*, maître de quatre-vingts villes basques, et *Transtamare*, qui veut passer au camp des Lara; réduit la *Castille*, et purge les routes de brigands. Cependant les Maures, usant les premiers de *l'artillerie*, ont repris *Gibraltar*, et 400.000 hommes débarquent avec *Haçan-Ali* de Maroc; Alfonse court à eux uni aux rois de Portugal et d'Aragon, en fait un grand carnage *près du Salado*, débloque *Tarife*, et au bout d'un *siége de deux ans*, auquel assistent des *chevaliers de tous les points de la chrétienté*, prend *Algésiras*, mais meurt de la peste devant Gibraltar. Alfonse établit l'*alcavala*, impôt du vingtième sur toutes les ventes, et introduisit les *mérinos* en Espagne.

1350-67. Pierre-*le-Cruel* avait 16 ans. Il laissa d'abord régner sa mère et *Albuquerque*, dont les *sévères mesures contre les villes* amenèrent la *révolte de Coronel*, et qui dès que leur pouvoir baissa opérèrent eux-mêmes un *soulèvement général*. Vaincu, captif à sa cour avec le vain titre de roi, Pierre enfin échappe à sa mère, triomphe à son tour, et, guidé par *Marie de Padilla* sa maîtresse, confisque, égorge, proscrit, semble se baigner à plaisir dans le sang et s'aliène l'opinion. Alors *Henri de Transtamare*, bâtard d'*Alfonse XI*, se fait le *chef des mécontents* et le bat à *Moncayo*. Pierre s'en venge sur sa femme *Blanche de Bourbon*, captive depuis sept ans; il l'empoisonne. *Abou-Saïd de Grenade*, qui croit sa cour un asile, est décapité. Aussi quand Transtamare abandonné se voit réduit à fuir, le souhaite-t-on comme son *libérateur;* et quand les *grandes compagnies* et *Duguesclin* le ramènent, est-il reçu à bras ouverts et intronisé sans coup férir, 1366. Pierre fuit à son tour. Le *Prince Noir*, qui hait la France, vient défaire en Espagne l'œuvre des Français, et, vainqueur à *Najara*, il rétablit le fugitif, 1367. Mais bientôt mécontent de Pierre, il brise les fers de Duguesclin son prisonnier. Duguesclin et Henri battent à *Montiel* l'atroce monarque, puis le prennent; Henri le tue de sa dague. — Pierre ne laissait que deux filles, mariées à deux frères du Prince Noir, *Lancastre* et *York :* l'aînée, *Isabelle*, eût dû être reine. — Les Maures avaient repris *Algésiras*.

1369-79. Henri II (tige de la *branche bâtarde* ou *de Transtamare*, qui donne six souverains) a contre lui les *gendres de Pierre*, *Ferdinand de Portugal*, petit-fils de *Sanche IV*, et *Pierre IV d'Aragon*. Il bat les flottes portugaise, 70, et anglaise devant *La Rochelle*, 71; brûle un faubourg de *Lisbonne*, 73; voit Pierre IV céder ses prétentions par la *paix d'Almazan*, 74, et tient en respect *Charles-le-Mauvais* par *celle de* 79. En 70 il avait reprit la *Biscaye* trop longtemps au pouvoir de vassaux puissants et prêts à exploiter le *fanatisme du pays pour ses franchises locales*.

1379-90. Jean Ier, gendre de *Ferdinand de Portugal*, prétendit hériter du royaume de son beau-père, 1383; mais *Jean d'Aviz* se fit élire roi et se sacra lui-même par sa *victoire d'Aljubarota* sur la Castille, 1385. Au dedans la noblesse reprit sa *marche factieuse*, domina aux Cortès et fit la loi au roi en inspectant ses revenus.

1390-1406. Henri III *le Maladif* était une âme ferme et hardie. Las des troubles de sa minorité, à treize ans il parla et agit en maître, brisa la *junte de régence*, et par un brusque *coup d'état* fit rendre aux seigneurs et aux princes les places, les forts et partie de l'or volé à l'état. *Benavente* en prison, *Gihon* proscrit, *Séville* réduite et mille mutins décapités replacèrent la royauté à son rang. Puis pour occuper l'énergie nationale il reprit la *guerre maure :* chasser d'Espagne les mécréants était son vœu le plus vif. Mais ses nobles en haine de lui se firent battre par *Mohammed VIII* à *Quesada*, 1406, et il mourut trop tôt pour prendre sa revanche. — Henri avait député au Mongol *Timour* pour nouer avec la

Haute-Asie et l'*Inde* des relations commerciales. C'est lui qui fit bâtir le *château de Madrid*.

1406-54. *Le long règne de Jean Ier fut le plus triste de la monarchie.* Jean eut d'abord six ans pour régent son sage oncle *Ferdinand*, à qui en vain les grands avaient offert la couronne de Castille. Mais en 1412 Ferdinand alla régner sur l'Aragon ; son absence se fit bientôt sentir : la reine-mère, dès lors régente réelle, fut faible et incapable. Puis Jean épousa *Marie* sa cousine ; et *deux princes d'Aragon ses beaux-frères* le dominèrent, se firent la guerre, la lui firent ensuite. L'un d'eux le prit à *Tordesillas* et le tint captif ; l'autre arma, suivi de toute la noblesse. Jean avec son caractère n'avait que le choix des maîtres. Au moins il choisit bien. *Alvar de Luna*, son favori, était un grand homme, et fut toujours fidèle à son roi, auquel du reste il dictait toutes ses volontés. Aidé d'Alvar, Jean s'évade et reprend quelque autorité. Ses beaux-frères alors se réconcilient ; ils font bannir Alvar. Alvar reparaît bientôt, mine leur crédit, déjoue leurs complots, bat leurs adhérents, les chasse eux-mêmes en Aragon. Vainqueur de Grenade à la *journée aux Figues*, 1431, il lui donne un roi qu'elle a chassé, *Iouçouf IV*. Puis il s'évertue à consommer l'abaissement des nobles. Mais tous résistent à la fois ; les deux princes d'Aragon, qui n'ont cessé de faire des *courses en Castille*, y rentrent en forces ; l'*infant Henri* s'unit aux rebelles ; deux fois Luna est forcé de s'exiler, 1432 et 42. Mais Jean, sorti de *Madrigal* et vainqueur à *Olmedo*, le rappelle, 1445. Huit ans encore Luna se soutient à force de génie et d'acerbes mesures ; mais il ne vivait qu'au jour le jour, et les maux étaient incurables. L'aristocratie, toujours aidée par l'Aragon et la Navarre, obtint sa tête en 1453. L'ingrat et lâche Jean mourut en 1454.

1454-76. HENRI IV expia cruellement sa part aux révoltes contre *Jean*, son père. S'il prit *Gibraltar*, 1462, sa faiblesse le fit mépriser. *Pacheco de Villena*, son ministre, et *Bertrand de la Cueva*, favori de la reine, se disputaient le pouvoir. Le *triomphe de la Cueva* décida

Pacheco à former avec ses grands la fameuse *ligue de Burgos*. Henri le rappelle alors pour lui faire détruire son propre ouvrage. Pacheco le tenta en vain : la ligue, à la *diète d'Avila*, 65, proclama le roi ALFONSE XII, frère de Henri, et il y eut guerre civile jusqu'à la mort de cet enfant, 68. Encore Henri pour obtenir la paix, dut-il *deshériter* sa fille unique *Jeanne*, flétrie du surnom de *Bertraneja*, et déclarer sa sœur *Isabelle* héritière. Il ne voulait pas tenir parole ; mais Isabelle, dès 69, épousa *Ferdinand*, fils du roi d'Aragon, et tous les efforts de Henri, la guerre même qu'il entreprit pour rétablir les droits de sa fille, furent vains ; Isabelle hérita (§ 16).

§ 13. Aragon pendant la huitième période, 1276 — 1479.

L'Aragon, agité aussi, l'est moins que la Castille : l'énergie nationale détournée à l'étranger est moins périlleuse au dedans. *Sardaigne, Sicile, Naples, Baléares* s'annexent à la couronne aragonaise ; Naples seul en sort, mais y reviendra. Le changement de dynastie, 1412, ne change rien à cette tendance.

1276-85. PIERRE III *le Grand* n'héritait que de deux tiers du royaume ; du moins sut-il réduire *Jacques II* son frère à l'*hommage pour les Baléares*, 1276. Mari de *Constance de Hohenstaufen*, il ravit à *Charles d'Anjou* la *Sicile*, où *Procida* venait de faire les *Vêpres siciliennes :* de là *guerre avec la France*. Excommunié par *Martin IV*, qui donne l'Aragon à *Charles de Valois*, attaqué en Catalogne par *Philippe-le-Hardi*, parent des 2 Charles, il lui fait lever le *siége de Girone*, et l'*affaire navale de Roses* achève les Français. Pierre avait 3 fils, il laissa la Sicile au 2e. A Pierre III remonte le *grand privilége de* 1283, qui donne aux états le *droit de consentir la guerre et les impôts ;* privilége arraché au roi par une *confédération des grands et des communes*.

1285-91. ALFONSE III *le Bienfaisant* avait du vivant de son père conquis *Majorque* et *Iviça* sur Jacques II, qui avait forfait en soutenant la France ; il prit encore *Minorque*, tombée aux mains des Arabes ; mais par la *paix de Brignoles* avec la France, il *promit* de rendre tout à Jacques. Traqué comme son père par les nobles et les villes, Alfonse III signa deux lois dites *priviléges de l'Union*, dont l'une cédait seize *places de sûreté* et permettait d'*élire un autre roi* en cas d'atteinte au privilége, tandis que l'autre stipulait la *tenue annuelle des Cortès*. Le *justiza* aussi, grand-juge au nom du roi, haussa ses pouvoirs au point d'être *formidable au roi même*.

1291-1327. JACQUES II *le Juste*, son frère, roi de Sicile, lui succéda ; mais abandonna la Sicile aux d'*Anjou* (*paix de Jonquière*, 1294 et 95). La Sicile, il est vrai, ne se laissa pas donner, et fit roi *Frédéric*, troisième fils de *Pierre III*. Ainsi la *ligne de Pierre III* forma deux branches : l'*aragonaise*, la *sicilienne*. Celle-ci dura jusqu'à 1402, et donna cinq souverains, *Frédéric II*, *Pierre II*, *Louis*, *Frédéric III*, *Marie*. La mort de celle-ci rendit la Sicile à la branche aragonaise. Le règne de Jacques II est la plus heureuse époque de l'Aragon au moyen âge. S'il fit en vain le *siége d'Almérie*, 1309, il punit les *pirates de Tunis*, 1314 ; il fit prononcer l'*indivisibilité de la couronne d'Aragon* (Aragon, Catalogne, Valence), 1319 ; il conquit en partie la *Sardaigne* sur *Pise*.

1327-36. ALFONSE IV *le Débonnaire* continua la *guerre de Pise*, et n'eut nulle collision avec ses sujets.

1336-87. PIERRE IV *le Cérémonieux* fut plus hardi. Captif des nobles à *Murviedro*, il divisa l'*union de Valence* de celle d'*Aragon*, brisa la 2e avec les troupes de la 1re, la 1re par ses propres forces, et déchira de son poignard les *priviléges*. Le fer le blessa : « Que cet acte, dit-il, soit lavé du sang d'un roi ! » 1348. En 49, il réunit le royaume de *Majorque* (Baléares, Roussillon, Montpellier), qui avait eu, outre Jacques I, quatre rois, *Jacques II*, *Sanche*, *Jacques III*, *Jacques IV*. Ce dernier fut pris, et bien qu'ensuite *roi de Naples* comme *mari de Jeanne I*, il fit de vains essais pour reconquérir ses états, et mourut sans enfants. Uni à *Venise*, Pierre gagna sur *Gênes* la *bataille navale d'Algheri*. Outré du meurtre de *Jean* son frère par *Pierre-le-Cruel*, 1358, qui voyait en lui le futur compétiteur de ses filles, il aida les *révoltes contre lui, et l'expédition de Duguesclin*, 66 ; mais il prétendit être l'héritier légitime, et ne résigna ses droits qu'à la *paix d'Almazan*, 74. Sa vieillesse fut troublée par des débats avec son fils, contre lesquel il appela au *justiza*. Pierre avait de hautes qualités : il était actif, pénétrant, dissimulé. Il fonda l'*université d'Huesca*.

1387-95. Jean I, son fils aîné, ne s'occupa que de plaisir et de poésies, et fit fonder à *Barcelone*, par *Jean de Villena*, le *consistoire de la gaie science*. — 1395-1410. Martin, son frère, revint à la hâte de Sicile, où *Martin-le-Jeune* son fils était roi par son *mariage avec Marie*. Il eut *guerre avec le comte de Foix*, qui prétendait au trône ; puis en 1409, à la mort de son fils, il *réunit la Sicile à la couronne d'Aragon*, et lui-même mourut l'année suivante sans enfants. — 1410-12. Le trône eût dû passer peut-être au *duc de Gandie*, neveu de *Jacques II ;* mais après deux ans d'interrègne, le *comité de Caspe* préféra *Ferdinand de Castille*, oncle de *Jean II*, neveu par sa mère des deux derniers rois.

1412-16. Ferdinand I, *le Juste*, eut sans cesse à combattre les *comtes d'Urgel*, maintint la Sicile par l'envoi d'un *vice-roi aragonais* et, comme *régent de Castille*, eut la haute main sur ce pays qui, néanmoins, souffrit fort de son absence. — 1416-54. Alfonse V, *le Sage*, eut *guerre avec Gênes* au sujet de la *Sardaigne* et tenta d'avoir la *Corse*. Ce qu'il eut réellement, c'est *Naples*, mais non sans peine. *Jeanne II de Naples* l'avait adopté, 1421 ; mais elle cassa l'adoption deux ans après : Alfonse fut dès lors en lutte avec la *deuxième maison d'Anjou* à qui Jeanne transmettait ses droits ; mais il ne prit Naples que pour le perdre aussitôt ; lui-même fut fait prisonnier à la *bataille navale de Ponza*, l'année même de la mort de Jeanne, 1435. Cependant il finit par *reconquérir le royaume de Naples*, 1442, d'où il essaya en vain de s'étendre en *Haute-Italie* et surtout de chasser *Sforce* de *Milan*. — 1458-79. JEAN II, son frère, cousin de *Jean II de Castille* (Voy. § 12), fit décréter l'*union perpétuelle de la Sardaigne et de la Sicile*, mais non de Naples *à la couronne d'Aragon;* Alfonse avait légué Naples à son fils naturel *Ferdinand*. Veuf de *Blanche II de Navarre*, il eut de fait la *Navarre* sa vie durant (§ 14), mais sa mort la fit passer à la *maison de Foix*. *Louis XI*, 1473-75, lui ravit le *Roussillon*. Mais l'union de *Ferdinand*, son fils, et d'*Isabelle* lui fit pressentir celle *des 2 royaumes de Castille et d'Aragon*.

§ 14. Navarre pendant les septième et huitième périodes, et jusqu'à la perte de son existence politique.

Pendant qu'Aragon et Castille grandissent par conquêtes, par unions, la *Navarre* s'isole, échappe à l'*Aragon* après 61 ans, 1176-1237, mais n'y gagne qu'une médiocrité incurable; elle perd même en territoire : sept femmes portent la couronne dans sept dynasties nouvelles dont une seule est espagnole : finalement la Navarre se sépare en deux portions inégales, la grande au sud, usurpée en 1512 et 13 par *Ferdinand-le-Catholique;* la petite au nord, portée à la France par la *maison de Bourbon*.

1. *Fin de la dynastie mérovingienne*, 1035-1234. Le fils du grand *Sanche III*, GARCIE III, mis en prison par *Ferdinand* son père à *Céa*, s'évada, voulut se venger, et périt à l'*affaire d'Atapuerca*, 1051. — SANCHE IV son fils hérita de la Navarre ainsi rétrécie et vassale de l'Aragon; il périt empoisonné par *Ermesinde*, sa sœur, et son frère *Raimond*, 1076. — Un autre frère, *Ramire de Calahorre*, ne put régner, et leur cousin *Sanche Ier*, élu par force et par ruse à leur place sous le nom de SANCHE V, transmit les deux trônes à ses fils PIERRE Ier, 1094-1104. ALFONSE Ier, 1104-34, mais non à *Ramire II*, leur frère; car la Navarre, revenant à ses anciens maîtres, salua roi GARCIE IV, petit-fils de *Ramire de Calahorre*, qui se reconnut un moment vassal de *Raimond-Bérenger*, mais qui en 1144 dénoua par une victoire ce lien de vas-

salité. SANCHE VI, *le Fort*, son fils, 1150-94, recouvra les trois *provinces basques*, mais se laissa ravir la *Rioja* par *Alfonse IX de Castille :* on l'a dit le fondateur de *Vitoria* au lieu de *Leuvigild*. Le même Alfonse reprit à SANCHE VII *le Faible* les *trois provinces*, 1200. Sanche fut en *liaison avec les Maures*, il devait épouser une fille de l'*Almohade Iakoub :* cependant il fut de la *ligue contre Mohammed* et *combattit* à *las Navas*.

2. *Nouvelles maisons*. 1° *Maison de Champagne*. *Blanche*, sœur de *Sanche VII* et femme du comte *Thibaut V de Champagne*, eût régné si elle eût vécu en 1234 : elle transmit ses droits à *Thibaut VI* qu'adopta son oncle *Sanche VII*. Comme roi, on le nomme THIBAUT Ier. Ce prince, célèbre comme troubadour et comme ami de *saint Louis* qu'il suivit à sa 1re *croisade*, 1239, résida peu dans son royaume et laissa deux fils, rois l'un après l'autre, THIBAUT II (VII), 1253-70, qui suivit le saint roi à sa 2e croisade et mourut en Sicile au retour; HENRI Ier *le Gros*, qui régna quatre ans. Sous JEANNE Ire sa fille (1274-1305), les Français prirent *Pampelune*, 1275, et cette reine de trois ans fut promise au fils de *Philippe III*. Cet hymen, réalisé en 1284, fit *Jeanne* reine de France, et *Philippe IV le Bel* roi de Navarre. — 2° *Maison royale de France*, 1281-1329. A JEANNE Ire fut laissée par PHILIPPE Ier (IV) toute autorité en Navarre; elle en était digne : ses sages mesures chassèrent le *Castillan* et l'*Aragonais ;* ses règlements firent prospérer le pays. *Puente-la-Reyna* lui doit son origine. Elle mourut en 1305, adorée et regrettée en France même, où elle fonda le *collége de Navarre et Champagne*. LOUIS Ier (X) *Hutin* lui succéda, 1305; puis JEAN *le Posthume* son fils, 1314; PHILIPPE II (V) *le Long*, aussi en 14; CHARLES Ier (IV) *le Bel*, en 22; PHILIPPE III (VI) *de Valois*, en 28. Mais ces trois derniers, *Valois* surtout, étaient des *usurpateurs en Navarre :* le trône passant aux femmes, *Jeanne*, fille de *Louis-Hutin* et sœur de *Jean-le-Posthume*, était la reine légitime. — 3° *Maison d'Évreux*, 1329-1425. En 1329 enfin justice fut à moitié

rendue. JEANNE II et son mari PHILIPPE IV *d'Évreux*, oncle de *Valois*, proclamés dès 1328 à *Pampelune*, recouvrèrent par traité la *Navarre*, mais en perdant la *Champagne*. Philippe parut au *siége d'Algésiras* et se signala en France contre les *Anglais*. Jeanne lui survécut six ans, 1343-47. — Leur fils, CHARLES II *le Mauvais*, adroit, hardi, éloquent, mais fourbe, atroce, souillé de débauches, joua un rôle actif dans les troubles du règne de *Jean II* en France; s'allia aux *Anglais*, aux démagogues *Lecoq* et *Marcel*, trahissant souvent ses alliés et visant au trône de France comme issu de *Louis-Hutin*, 1349-86. — CHARLES III *le Noble* fut l'opposé de son père et fit le bonheur de ses sujets, auxquels il fut ravi en 1425. — 4° *Maison d'Aragon*, 1425-79. BLANCHE Ire, sa fille, veuve de *Martin d'Aragon le Jeune*; puis femme du turbulent JEAN II d'Aragon, mourut en 1440. Jean garda le trône au préjudice de CHARLES IV son fils (*le prince don Carlos de Viane*); deux fois le timide Charles lui fit la guerre pour reprendre ce qui lui appartenait; mais la *lutte* était *inégale* : défait en 1452, il fut un an en prison; battu encore à *Estella*, 56, il erra en Italie, en Catalogne; se laissa reprendre par Jean, devenu roi d'Aragon, 58, et ne vit briser ses fers que sur la *réclamation menaçante des Catalans*, 61; 6 mois après il expirait. — BLANCHE II sa sœur, femme autrefois de *Henri IV de Castille*, eût dû régner, Jean l'enferma au *château d'Orthez* qui fut son tombeau, 64. ÉLÉONORE sa sœur et son héritière, qu'on accuse de l'avoir empoisonnée, laissa par le *pacte d'Olite* l'*usufruit du trône* à son père, 71, après lequel elle ne régna elle-même que 24 jours, 79. Son mari *Gaston de Foix*, et son fils aîné *Gaston de Viane*, étaient morts en 72 et 70. — 5° *Maison de Foix*, 1479-88. Le fils de *Gaston de Viane*, FRANÇOIS-PHÉBUS, devint donc roi de Navarre, 1479-83. Il avait dix ans. Les querelles des *Beaumont* et des *Grammont* troublèrent tout son règne. — CATHERINE sa sœur eut tout son héritage, c'est-à-dire *Foix*, *Béarn*, *Bigorre*, avec Navarre, et régna seule onze ans. — 6° *Maison d'Albret*,

1494-1555. Mariée alors à Jean III d'*Albret*, 1494, elle faillit être dépouillée par son oncle *Jean de Foix*, *vicomte de Narbonne* : la guerre fut vive, la mort du *duc de Nemours* (*Gaston de Foix*) à la *bataille de Ravenne*, 1512, y mit fin. Mais *Ferdinand-le-Cathol.*, après avoir demandé en vain *passage en Navarre* pour 10,000 hommes, entra en Navarre, 1512, et en incorpora la partie sud à l'Aragon ; le nord seul, c'est-à-dire la moindre partie, la *Navarre française* (chef-lieu *Pau*), resta aux d'Albret. Jean mourut en 1516, la reine en 1517. Leur fils Henri II fut beau-frère de *François Ier*, et comme lui fut pris à *Pavie*. Sa femme, la spirituelle *Marguerite de Valois*, fit de sa petite *cour de Nérac* le rendez-vous des beaux-esprits et des savants. — 7° *Maison de Bourbon*. Jeanne III d'Albret est celle qui porta la *Navarre française* et ses annexes (*Foix*, etc.) aux *Bourbons* par son union avec Antoine : reine avec son mari, 1555-62, puis seule jusqu'en 1572, elle mourut trois jours avant la *Saint-Barthélemy*, probablement empoisonnée. Elle est célèbre surtout comme protestante et comme mère de notre *Henri IV*, Henri III en Navarre, qui, roi de Navarre en 1572, devint de 89 à 93 roi de France. Ses 4 premiers successeurs ont eu le titre de rois de France et de Navarre ; mais dès Louis XIII un *décret d'union de la Navarre à la France* avait ôté à la première toute indépendance, 1616 : aujourd'hui elle fait partie du *département des Basses-Pyrénées*.

§ 15. Royaume de Grenade, 1237 — 1492.

On a vu ce royaume fondé en 1137 par Mohammed Ier *Ben Alhamar* lors de la décadence des Almohades, survivre à la chute des autres, 1239-65, et même y contribuer, vassal qu'il était de la Castille, 1245-65. Mais las enfin des exigences castillanes, Mohammed avait été en 61 l'âme d'une grande *révolte des villes musulmanes*, révolte qui éclata par le *massacre général* des Espagnols, et à la veille de sa mort, 73, il appela le Mérinite Abou-Iouçouf. Mohammed II *Al-Fakir*, vainqueur d'émirs rebelles à *Antequera*, s'unit au roi de Maroc, pilla *Jaën*, se fit voir à *Ecija*, mais fut bientôt témoin de l'impuissance et du déclin des Mérinites, et perdit diverses villes. En 1282, il soutint *Sanche* contre *Alfonse X* qu'aidait Abou-Iouçouf. Après Mohammed III, 1303-10, sous qui fut pris *Gibraltar* par *Ferdinand IV*; après Mohammed IV, 1310-13, sous qui commencent les longues querelles des *Abencerrages* et des *Zégris*, tribus puissantes qui représentent, l'une les Arabes, l'autre les Berbers, Ismael Ier, *Ebn Faradj*, acheta par la *cession d'Algésiras* et d'autres places les secours d'*Ebn Iouçouf de Maroc*, battit la Castille, 1311-17, et reprit *Baza*, *Martos* à coups de canon. Mohammed V suivit ce système, mais eut souvent des révoltes à comprimer, 1321-33. Sous *Abou'l Hedjadj Iouçouf Ier*, *Haçan*, l'allié mérinite des Grenadins, inonda encore la côte de *Berbers*, dernière menace de l'islamisme, bientôt punie par la *journée du Salado* et la *prise d'Algésiras*, 1340-46. Avec Mohammed VI, 1354-60, commence l'ère des *révolutions de palais* qui viennent se joindre aux *révoltes locales* des émirs : détrôné par Mohammed III, *Abou-Saïd*, il le chasse à son tour, 1362, et l'opulent Abou-Saïd va chercher près de *Pierre-le-Cruel* un asile, ou plutôt la mort. Ainsi Castille et Grenade font assaut de désordres et usent leur force à l'intérieur comme si elles craignaient chacune d'en avoir trop pour écraser sa rivale! Au milieu de tant de maux qu'importent l'activité de quelques branches d'industrie et la faveur accordée à l'agriculture par Aboul Hadjadj *Mohammed*, 1379-92? Le successeur d'Iouçouf II, Mohammed VIII, 1396-1408, a en tête l'énergique *Henri III*, qui ne veut poser les armes que maître de tout le royaume de Grenade; mais aidé du *roi de Tlemsen*, il le défait à *Quesada*, et Iouçouf II signe la *paix avec les régents de Jean II*. La guerre reprit sous Mohammed IX *el Azafi*, 1423-45, que chassa Mohammed X, *el Sagaïr*, 1427, et que menaça ensuite Iouçouf IV, 1431. Iouçouf battu s'enfuit en Castille, est réintégré par *Luna*, vainqueur à *la journée aux Figues*, mais meurt dès 1432. El Azafi revient alor et laisse le sceptre à MOHAMMED XI *el Aksa*, 1445-5 prédécesseur d'ISMAÏL II, qui avive les troubles en Cas tille sous Jean II et Henri IV, mais qui par là cause un *avant-dernière guerre* où il perd Gibraltar, 1462. MO HAMMED XII *Abou'l-Haçan*, contemporain de Ferdinan et d'Isabelle, voit commencer la dernière, 1418, par prise d'*Alhama*, et privé deux ans du trône par son fi ABOU-ABDALLAH Ier *Al-Zakir*, 1481-88, ne le recouvr que par la défaite des Maures à *Lucène* où *Zakir* e pris, et où meurt le plus grand général des Infidèles, vieil *Altar*. Bientôt même ABOU-ABDALLAH II *el-Zaga* son père, le confine à *Mondujar*, et se fait roi. Ferdi nand alors relâche Zakir; 2 ans *l'oncle et le neveu* font la *guerre de rues à Grenade*, tandis que Ferd nand enlève leurs places. Enfin, Zagal quitte l'*Albaïcin* dont il est maître, pour sauver *Velezo Malaga*, n' réussit pas, et perd ainsi sa part de Grenade, prise p Zakir; il n'a plus qu'*Almérie* et 4 villes. Ferdinand réduit à les céder, 1489, et paraît devant Grenade ave 60,000 hommes. Le siége dura 6 mois. Isabelle y vien Le camp ayant été brûlé, elle le remplaça par une vil qui existe encore, *Santa-Fé*. Le 6 janvier 1492, le r maure remit les clefs de la ville à Ferdinand pour all languir au fond des *Alpujarras*, et pleurant, regar pour la dernière fois Grenade du haut du *Padul*: sa mè était à ses côtés: « Tu fais bien, dit-elle, de pleurer femme ce que tu n'as su défendre en homme. » Les Mu sulmans avaient régné en Espagne 780 ans.

§ 16. Passage de la 8e à la 9e période, 1474 — 155

1474-1516. FERDINAND II ou V *le Catholique* (II Aragon, V en Castille), et ISABELLE I (sa femme de puis 1469), régnèrent ensemble: Isabelle de 1474 1504, Ferdinand de 1479 à 1516. Dès lors l'Aragon la Castille furent *censés réunis*. La mort d'Isabelle com promit un instant cette union. La couronne de Castil revint à JEANNE d'Aragon, fille d'Isabelle et de Ferd nand, femme de PHILIPPE I d'*Autriche*. Tous deux furent proclamés, et le roi d'Aragon, dépité, se maria. S'il eût eu un fils, ce fils eût hérité de l'Aragon, non de la Castille. Heureusement cet hymen fut stérile. Philippe mourut, Jeanne désolée tomba en *démence ;* Ferdinand, nommé *régent de Castille*, eut ce qu'il ambitionnait, le pouvoir ; l'union se maintint. — La glorieuse *conquête du royaume de Grenade*, 1481-92 (§ 15), la facile *soumission de la Navarre*, 1512 (§ 14), avaient encore agrandi ce vaste empire, auquel s'était ajouté le *royaume de Naples*, conquis de compte à demi avec *Louis XII* sur *Frédéric II*, mais qu'une *insigne perfidie* et l'épée de *Gonzalve de Cordoue* firent échoir tout entier à Ferdinand. La même époque vit *Pierre de Vera* coloniser les *Canaries* soumises, 1420, et *Colomb*, par la *découverte de l'Amérique*, 1492, ouvrir un monde à l'Espagne. — De sages mesures, dictées en partie par *Ximenez*, diminuèrent l'aristocratie et la démocratie. A partir de 1405, 18 *villes* au lieu de 48 députèrent aux cortès ; *le roi et la reine* se firent élire *grands-maîtres des trois ordres militaires*, et cet usage se perpétua ; la *sainte-hermandad* fut protégée ; *Mendoza* introduisit l'*Inquisition*, arme utile aux mains de princes souvent menacés par les grands, mais dont trop tôt on oublia le secret et l'usage, et qui fit trembler les rois eux-mêmes. L'*intolérance*, du reste, était déjà *extrême ; Juifs Maures* furent *bannis en masse*, 1 700 000 quittèrent, ainsi l'Espagne, et allèrent enrichir d'autres territoires ou se faire *pirates en Barbarie*, 1492-1502. L'*Aragon* pourtant *garda les Maures*, et quelques tribus se maintinrent dans les *Alpujarras*, en *feignant d'adopter le christianisme*.

1516-56. CHARLES I (*Charles-Quint* en Allemagne) et JEANNE *la Folle*, sa mère (qui eut toujours le titre de reine, et qui ne mourut qu'en 1555), régnèrent ensemble. Charles rendit l'*Espagne puissance dominante en Europe :* aux sept royaumes de Castille, d'Aragon, de Navarre, de Grenade, de Sardaigne, de Sicile, de Naples, il ajoutait en montant sur le trône l'héritage paternel, c'est-à-dire la *Franche-Comté*, la *Flandre*, l'*Artois*, et neuf autres provinces au nord de la France. En 1519, il reçut la *couronne impériale d'Allemagne*, et son frère *Ferdinand* fut *roi de Bohême et d'une partie de la Hongrie*, 1526. On l'accusait de viser à la *monarchie universelle*, et il en eût été près sans la *triple résistance* des *Protestants* en Allemagne, des *Turcs* régis par *Soliman*, et du roi de France, *François Ier*. Ce prince avait brigué aussi le diadème impérial : la *rivalité* des deux princes devint bientôt celle *de la France et de l'Espagne*. De là *cinq grandes guerres* où intervinrent presque toutes les puissances européennes, et qui amenèrent l'*équilibre européen*. La première commença en 1521 au duché de *Gueldre*, dans la *Navarre*, rapidement conquise et perdue par la France ; en *Italie*, où Lautrec, défait à *la Bicoque*, perdit le *duché de Milan*, 1522. Charles avait su se ménager *l'alliance de* l'Anglais *Henri VIII;* le *connétable de Bourbon* promettait de lui livrer l'entrée de la France, 1523, et, quand le *complot* fut *éventé*, passa au service d'Espagne. Charles envahit la *Provence*, 1524 : François, passant le *mont Cénis* pour le couper, le réduisit à la retraite ; mais il n'y gagna que de se faire vaincre et prendre à *Pavie*, 1525. Charles, trop avide, fit signer à son captif l'onéreux *traité de Madrid*, qui lui promettait la *Bourgogne* et *Milan*. Mais à peine libre, François le rompit et forma la *ligue de Cognac* avec les anciens alliés de Charles, 1526. Les succès varièrent alors: *Bourbon* prit *Rome*, 1527 ; mais Lautrec conquit le *royaume de Naples*, et la *victoire navale de Naples* par *Doria* lui eût ouvert la capitale, si cet amiral génois n'eût pris parti pour Charles. Il fallut revenir. *Leyva* vainquit encore à *Landriano*, 1529, et la *paix de Cambrai* laissa la *Bourgogne* à la France, en lui ôtant *Milan*, rendu aux *Sforce* et dès lors *sous l'influence de Charles*, et en *brisant le nœud féodal qui liait la Flandre et l'Artois* à la France. La 3e *guerre*, 1535-8, suspendue par la *trêve de Nice*, n'eut de remarquable que l'*occupation de la Savoie par la France*, la 2e *invasion de la Provence par Charles*, qui échoua au *siége de Marseille*, et l'*union de Soliman avec François*. En 1540, à la *mort de Sforce*, et malgré la foi jurée à François Ier, qui lui accorde *passage en France* pour châtier la *révolte de Gand*. Charles fait duc de Milan *Philippe* son fils. Une 4e *guerre* éclate, 1502. Mais bien que la France ait d'*abord des succès* au nord et batte l'Espagne à *Cérisoles*, tandis que les flottes française et turque ravagent les *côtes de Nice et de Naples*, Charles, auquel revient Henri VIII, pénètre en France jusqu'à *Château-Thierri*, menace Paris, et, par le *traité de Crespi*, demeure maître de Milan, 1544. Ce n'est qu'en 1552 que *Henri II*, fils et successeur de François Ier, lui fait éprouver un échec. Au moment où *Maurice de Saxe* va surprendre Charles dans *Inspruck*, Henri s'empare des *Trois-Evêchés* (*Metz*, *Toul*, *Verdun*), et en vain Charles en personne s'obstine à reprendre Metz, défendu par *Guise*. « La fortune n'aime pas les vieillards », dit-il enfin, et il lève le siége. Naples est encore ravagé ; les Français, vainqueurs à *Renti*, dictent la *trêve de Vaucelles*, 1554. L'Allemagne perd les 3 Évêchés. Mais l'Espagne n'a rien perdu : c'est elle qui a Milan ; à l'E. et au N. de la France elle a, non plus 12, mais 17 *provinces*, dites *cercle de Bourgogne*, et *grand fief de l'empire* qui doit les défendre. *Cortès*, *Pizarre* lui ont conquis le *Mexique*, 1519-21, le *Pérou*, 1529-35 ; elle y joint *Cuba*, une partie de Saint-Domingue, la Jamaïque, la *Terre-Ferme*, *Buénos-Ayres*, la *Californie*, 1532-36 ; le *Chili*, 1541-50 ; les *Philippines* : le soleil ne se couche plus sur les possessions d'Espagne. En même temps Charles a rendu le *roi de Tunis tributaire*, 1535, et menacé *Alger*, 1541. En donnant *Malte* aux *Hospitaliers* chassés de *Rhodes* par Soliman, il crée une *croisière perpétuelle contre les Infidèles*. En 1554, il maria Philippe à la reine d'Angleterre, *Marie*. A l'intérieur il brisa des résistances contraires à l'ordre. La *sainte ligue des nobles et des communes* sous *Giron* et *Padilla* avait menacé de le détrôner absent ; la scission des communes et de la noblesse, par suite des subites prétentions de la démagogie, la défaite de Padilla près de *Villalar*, la *prise de Tolède* sur son héroïque veuve, 1522, mirent fin aux troubles. Désormais les villes reçoivent du gouvernement le *modèle des instructions* à donner à leurs députés; les Cortès ne présentent plus de *griefs* qu'après le vote des *subsides* ; toute délibération est interdite en l'absence du *président nommé par le roi*. La noblesse ayant refusé l'impôt, 1538, Charles, en fait de taxes, n'appela plus que les *députés des* 18 *villes*, qui insensiblement se substituèrent aux Cortès ; enfin il laissa mourir de vieillesse les priviléges des ricos hombres, et institua la *grandesse*, espèce nouvelle de haute noblesse qui fit des nobles autant de courtisans ou d'hommes prêts à le devenir. De 1554 à 56, Charles abdiqua toutes ses couronnes, et se retira au *monastère de Saint-Just*. Là ce prince, qu'on avait vu sans cesse en course d'un bout à l'autre de l'Europe occidentale, menant de front les affaires politiques, la guerre, les détails d'intérieur, parlant cinq langues, vécut encore deux ans, s'occupant de mécanique et d'horlogerie. L'ennui le prit, et il imagina de faire faire l'office de ses funérailles lui vivant, et d'y assister couché dans sa bière, 1558. Il survécut peu à cette bizarre cérémonie, bien digne du fils de *Jeanne-la-Folle*.

§ 17. Suite et fin de la maison d'Autriche et de la neuvième période, 1556 — 1700.

1556-98. Philippe II, suivant les projets de son père, reprit la *guerre avec la France* : la *victoire de Saint-Quentin* par *Emmanuel-Philibert de Savoie* lui livrait *Paris*, 1557, s'il eût eu quelque célérité ou s'il n'eût pas été jaloux de son grand général; ce fut sa faute si la *paix de Cateau-Cambrésis*, 1558, ne lui valut que force *places au nord de la France* et une *haute influence sur la Savoie* rendue à ses ducs. La même année, l'Anglaise *Marie* mourait, et en vain Philippe, pour être toujours *roi d'Angleterre des droits de sa femme*, demanda *Elisabeth*. Il eut même bientôt en elle l'ennemie la plus active. Allié de *Venise* et du *pape* contre les *Turcs*, il ne profita pas de la *victoire de Lépante* gagnée par les trois flottes, 1571, et se laissa ravir *Tunis*. L'introduction de *l'Inquisition dans les Pays-Bas* y causa une insurrection, 1566, que les rigueurs du *duc d'Albe*, le sang de *d'Egmont* et de *de Hoorn*, la mort de son fils *don Carlos* qui avait rêvé la *royauté des Pays-Bas*, et la victoire de *Jemmingen* sur *Louis d'Orange*, n'étouffèrent qu'imparfaitement. Les *Gueux de mer* joints à *Guillaume d'Orange*, en prenant *la Brille* et *Flessingue*, causent un ébranlement général que d'Albe, *don Juan d'Autriche*, *Alexandre Farnèse*, ne peuvent plus réprimer et qui aboutit à *l'union d'Utrecht*, 1579. Si Guillaume meurt assassiné, 1585, les rebelles se donnent à Elisabeth ; si *l'invincible Armada* menace la côte anglaise, 88, les vents, les brûlots et l'impéritie du commandant-général, duc de *Médina Sidonia*, détruisent presque un armement qui a coûté 60 millions d'écus à l'Espagne ; si en France il assiste la *Ligue* contre les *Réformés*, puis contre *Henri III* et *Henri IV*, c'est en vain qu'il compte faire ainsi déférer la couronne à sa fille : *le Béarnais* soumet la Ligue et Paris, 1593 ; diverses cours reconnaissent les *Provinces-Unies*, 94 ; *d'Essex* surprend Cadix, 96 ; les *Anglais* pillent les *colonies espagnoles*. De guerre lasse, 98, Philippe signe avec Henri la *paix de Vervins* qui ne lui donne rien, et cède à *l'infante Isabelle-Claire-Eugénie*, qu'il marie à *l'archiduc Albert*, ces Pays-Bas dont 7 provinces vont échapper à l'Espagne. La seule compensation de tant d'échecs fut l'acquisition du *Portugal* à la mort du *cardinal Henri*, 1520; les droits de Philippe à ce sceptre étaient chimériques, la force et la ruse le firent nommer. Cette réunion, du reste, eût pu profiter aux deux pays. Pour la première fois, depuis les Romains, la péninsule n'avait qu'un maître, et presque toutes les colonies se trouvant accumulées en une même main, l'Espagne eût dû, en peu de temps, devenir la seule *puissance maritime* d l'Europe. Mais Philippe chercha à ruiner le Portuga exemple qu'imitèrent ses successeurs en l'exagéran et dont devait sortir la révolte! L'Espagne n'éta guère plus heureuse. Les *taxes* étaient *oppressive* les *finances mal administrées*, la *dette énorme* (14 millions de ducats). En vain le Nouveau-Monde ve sait des flots d'or à l'Espagne, des prêtres faisaient *quête pour le trésor ;* le maître des Indes, du Mexiq et du Pérou mendiait! Le *désir des fortunes rapid* entraînait en Amérique; la *population baissait;* la m ralité. l'amour du travail, cessaient; les *grandes famill* s'imposaient à la cour. L'Inquisition redoublait de sévéri loin de s'adoucir Les *Mauresques* persécutés élure pour roi *Aben-Oumeïa*, 1568; le cabinet ne triomp que moyennant d'épouvantables *boucheries :* deux tie des Mauresques furent *tués* ou *vendus*, le reste fut *d porté* dans les ateliers de l'intérieur. — C'est Philippe qui bâtit le superbe couvent-palais de *l'Escurial*, résidence.

1598-1621. Philippe III (II de Portugal), roi inept dominé par un inepte premier ministre, *le duc de Lerm* esclave à son tour de *Calderon*, hâta la décadence l'Espagne. Il attaqua en vain l'*Irlande* et *Alger*, continua la ruineuse *guerre des Pays-Bas*, 159 1609. A peine eut-il signé la *trêve d'Anvers*, qui reco naissait en fait les *Provinces-Unies* sans les reconnaît qu'en dépit des *remontrances de Valence et de l'Ar gon*, il expulsa ce qui restait de Mauresques en Esp gne (1 200,000!), portant ainsi à l'industrie, à la cultu et à la population un dernier coup dont elles ne se r levèrent jamais. Il appauvrit, il dépouilla le Portugal e core plus que son père, comme s'il eût prévu que pays échapperait à l'Espagne; il lui laissa ravir son co merce par la *Hollande,* où fut établie la *Compagnie d Indes-Orientales*, bientôt conquérante aux dépens Portugal. Peu s'en fallut, en 1618, que le *vice-roi Naples* le *duc d'Ossune* en feignant une *conspirati contre Venise*, ne réussît à se faire souverain dans sa vice-royauté, ou du moins à *détacher de l'Espagne le royaume des Deux-Siciles*. La même année, 1618, vit tomber le duc de Lerme que remplaça son fils le *duc d'Uzède*, sans profit pour l'État. Des *intrigues de cour* décidaient tout, les *places se vendaient* publiquement, l'institution des *familiers de l'Inquisition* pervertissait le caractère national en semant de délateurs, d'espions les classes moyennes et honorables de la société.

1621-65. PHILIPPE IV (III en PORTUGAL), fut gouverné par *Olivarès* jusqu'en 1642, puis par le neveu d'Olivarès *don Louis de Haro*. Le premier sentait les maux de l'état, mais n'en pénétrait pas les causes, et se méprit sur les remèdes, qui tous furent des *réglements* ou inexécutables ou puérils, si ce n'est funestes, entre autres des *lois somptuaires*. Il eut l'idée grande de *réunir toutes les couronnes d'Espagne en un seul empire*, abattant d'un coup *franchises*, *milices*, *cortès* et *lois locales;* mais il eût fallu adresse et force pour une telle œuvre, les *cortès de Barbastro* arrêtèrent Olivarès au premier pas, 1626, et *l'esprit de localité* n'en fut que plus fort. En 1632, l'année avant celle où par la mort d'*Isabelle-Claire-Eugénie* les Pays-Bas allaient revenir à l'Espagne, *Berghen* formait un complot pour ériger les dix provinces en *république catholique alliée des Provinces-Unies*. Foulé par *Vasconselos*, le Portugal en 1640 brisait le joug et donnait la royauté à la *maison de Bragance* qui règne encore. Le vice-roi de Séville, *Médina-Sidonia*, ourdit un plan pour se faire *roi d'Andalousie*, 1641. La *Catalogne révoltée* se soumit à *Louis XIII*, 1640 et 41. Tous ces embarras venaient au milieu de guerres. L'Espagne avait repris les armes contre les Provinces-Unies, 1621, et coopérait à la *guerre de trente ans* comme auxiliaire de *Ferdinand II;* en Italie elle avait eu guerre deux fois avec *Venise* et *les Grisons* pour la *Valteline*, 1724 et 25, une fois avec la *Savoie* pour le *Montferrat*, 1612, et une fois avec la France pour la *succession de Mantoue*,

1628-31. Enfin la France jeta le gant plus franchement, 1635; gouvernée par *Richelieu*, elle avait repris son rôle d'*obstacle aux deux branches de la maison d'Autriche*. La guerre éclata sur trois frontières. L'Espagne d'abord balança la fortune et envahit la *Champagne*, la *Guyenne*, le *Languedoc;* mais bientôt la France porta la guerre en *Italie*, en *Roussillon*, en *Catalogne* dans les *Pays-Bas;* elle s'attacha la Savoie les *complots contre Richelieu* avortèrent, Olivares même dénonça celui de *Cinq-Mars;* l'infanterie française, égale enfin aux *vieilles bandes espagnoles*, les écrasait à *Rocroi*, *Arras* et *Lens*, 1645, 47 et 48. Si Richelieu n'était plus, 1642, si *la Fronde* en attaquant son successeur paralysait l'élan des armes françaises 1648-52, si *Condé* servait l'Espagne, les places ensuite tombèrent en foule aux mains des Français, *Cromwell* prenait *la Jamaïque*, et *Turenne* vainqueur à la *bataille des Dunes* forçait enfin Haro à céder par *la paix des Pyrénées* le *Roussillon*, l'*Artois* et des *places en Flandre*, 1659. Dès 1648, Philippe avait cédé de même aux Provinces-Unies le *pays de la Généralité* par le *traité de Westphalie*, dénouement de la guerre de trente ans. Malgré la paix des Pyrénées, la France donna en secret des secours au royaume menacé. L'effet en fut prompt: *Marialva* et *Schomberg* battirent *Bénavidès* à *Villaviciosa*, 1665. A cette nouvelle, « Dieu le veut! » s'écria Philippe, laissant tomber la dépêche de ses mains et tombant lui-même. Il expira trois mois après.

1665-1700. Charles II, son fils, avait quatre ans. La reine-mère, que gouverna d'abord le *P. Neidhard*, son confesseur, ensuite le jeune *Valenzuela*, 1665, eut à disputer la régence à son beau-frère *don Juan d'Autriche*, fils de Philippe IV, les Pays-Bas et la *Franche-Comté* à *Louis XIV* qui s'en empara en 1667 et 8 (*guerre de dévolution*) et ne la rendit que contre des *places en Flandre* (*paix d'Aix-la-Chapelle*). *Marie-Anne* reconnut la même année l'*indépendance du Portugal*, puis fit alliance, 71, avec les Provinces-Unies, amies de l'Espagne, qu'elles ne craignaient plus, et hostiles à l'ambitieux Louis XIV. L'Espagne fut ainsi enveloppée dans la *guerre de* 1672-78, et, constamment malheureuse, elle céda encore des lambeaux des Pays-Bas (*paix de Nimègue*) : don Juan d'Autriche deux ans ministre n'avait pu rien changer au cours des événements. Charles II, alors, épousa la Française *Marie-Louise*, qui prit sur lui un empire contesté par la reine-mère et ses créatures (*la camériste Torre-Nueva*, le prêtre *Eguya*, l'incapable *Medina-Céli*, qui parla beaucoup de *réformes*, mais abandonna tout à des comités ou *juntes* dont le *charlatanisme* ne produisit que de *fatales mesures*, et enfin le laborieux *Oropesa*, qui commença par le renvoi des juntes). La cour était donc partagée en deux *factions*, la *française* et l'*allemande*, quand la jeune reine mourut, non sans soupçon de poison, 1685. La Palatine *Marie-Anne de Neubourg* la remplaça, et les partis alors changèrent de nom : l'un fut *autrichien* (la Palatine), l'autre *bavarois*. Une mélancolie sombre, une teinte de folie accablèrent le pauvre roi qui n'espérait plus d'enfants et qui voyait s'agiter autour de lui, lui vivant, les *prétendants à sa succession*. Les uns, comptant ne rien avoir, faisaient des *traités de partage* (Louis XIV et *Léopold*, 1688 ; Louis XIV et *Guillaume III*, 1698 et 1700) ; les autres *captaient* le moribond, le jeune vieillard. La reine-mère mourut en 1696. Docile à ses derniers accents, Charles, qui du moins voulait sauver l'*intégrité de la monarchie, testa* en faveur du Bavarois *Joseph-Ferdinand*. Mais l'héritier précéda le testateur au tombeau, 1699. L'ambassadeur d'Autriche *Harrach* obtint alors un *second acte* qui transmettait *la monarchie entière à Charles*, fils puîné de l'empereur Léopold. Plus adroit et fort de l'appui du *cardinal Porto-Carrero*, l'ambassadeur français *Harcourt* eut l'art de changer ces dispositions. Charles, de retour des *caveaux de l'Escurial* où il fit ouvrir le cercueil de sa première femme, nomma l'héritier de *tous* ses royaumes *Philippe*, fils puîné du *grand-dauphin*, fils de Louis XIV, 1700 ;

et pourtant il détestait la France ! Cet effort l'épuisa, e bientôt il mourut. Harrach croyait toujours l'Autrich *légataire universelle des Espagnes et des Indes.*

§ 18. 10e période, maison de Bourbon, 1700 — 1840

1700-46. PHILIPPE V prit paisiblement possession de l'Es pagne, où Louis XIV comptait régner en son nom. « I n'y a plus de Pyrénées », disait-il. En effet, *Marsin Louville*, *d'Orry* menaient les affaires, le roi n'avait qu 17 ans. Mais dès 1701 l'Autriche arma, le sang coula Philippe alla se faire voir à *Naples*, puis se signala en *Haute-Italie*, 1702. Mais à son retour en 1703, sais d'une mélancolique apathie, il laissa flotter les rênes d l'État. Une camériste de la reine, la *princesse des Ursins*, ambitieuse et née pour l'intrigue, les saisit en dépi de l'ambassadeur français d'*Estrées*, et conçut le granc plan d'administrer l'Espagne *pour* et *par* l'Espagne Mais la guerre devenait générale : unis à l'Autriche, les *Anglais* entrent à *Gibraltar*, qu'en vain on veut reprendre, 1705, et soumettent la *Catalogne*, *Valence*, *Murcie*, *Majorque* à CHARLES III. A l'ouest, autre invasion : les *Portugais*, longtemps tenus en échec à *Badajoz* et *Alcantara*, font enfin reculer *Berwick* et proclament Charles III à *Madrid*, 1706. Mais Berwick les refoule à son tour, et en 1707 gagne la *bataille d'Almanza ;* puis le *duc d'Orléans* recouvre Valence, Murcie, etc. Malheureusement l'Italie est perdue, les rever français exercent un contre-coup fatal en Espagne : *Almenara*, *Saragosse*, voient fuir les Français ; le ro cède pour la deuxième fois Madrid, 1710. Mais *Vendôme* ramène la victoire ; il bat *Stanhope* à *Brihuega*, *Stahrenberg* à *Villaviciosa :* Philippe y *couche sur un li de drapeaux*. La *paix d'Utrecht* lui laisse l'Espagne, *moins Minorque et Gibraltar*, aux Anglais ; *Naples*, la *Sardaigne*, les *Pays-Bas* sont à l'Autriche, la *Sicile* au duc de Savoie : les *colonies restent* à l'Espagne, 1713. En 1714, Philippe veuf épouse *Élisabeth Farnèse*, qui renvoie Des Ursins et domine le roi. *Alberoni*, pre mier ministre, ébauche un vaste plan pour rendre à l'Espagne ce qu'elle a perdu, et au roi l'espoir de régner sur la France si *Louis XV* meûrt; il attaque la Sicile, 1707. Mais *la Quadruple-Alliance* (France, Angleterre, Provinces-Unies, Autriche) l'arrête : l'Europe voit avec surprise l'Espagne lutter par terre et par mer, tenter de jeter *le prétendant* en Angleterre, ourdir en France le *complot de Cellamare*, et, quoique battue à *Passaro*, à *Francavilla*, obtenir par le *traité de Madrid l'hérédité de la Toscane et de Parme* pour les *fils d'Élisabeth*, 1721. Trois ans après Philippe abdique en faveur de Louis, son fils aîné, 1724, mais prétend gouverner de sa retraite de *Saint-Ildefonse*, superbe palais qu'il a bâti, abandonnant l'Escurial. Louis mourut la même année, et Philippe reprit le pouvoir. Élisabeth, *changeant d'alliés* suivant les temps, mais toujours fidèle à l'*idée d'établir ses enfants en Italie*, attaqua *Gibraltar*, 1725, et par la paix *del Pardo*, 27, se fit confirmer la Toscane et Parme, dont *Charles* son fils prit possession en 31 ; puis s'unit deux fois à la France, 33 et 40. A la suite de la première alliance, Charles, vainqueur à *Bitonto*, conquit le *royaume des Deux-Siciles* qu'il garda par la *paix de Vienne*, 35 et 38. Par la seconde, Elisabeth, participant à la *guerre de la succession d'Autriche*, voulait ravoir Parme, et elle l'eut pour son second fils à la *paix d'Aix-la-Chapelle*, mais deux ans après la mort de son mari.—Ces acquisitions coûtèrent cher, mais elles eussent pu être les *bases d'une influence solide* en Italie, si en même temps l'Espagne eût été régénérée. Alberoni avait ouvert la voie, mais après lui tout en resta là, même pendant la faveur du charlatan *Riperda*. Nul fait mémorable à l'intérieur, sauf l'*abolition des constitutions et cortès d'Aragon et de Valence*, à la suite de la conquête sur les Autrichiens, 1708, et une *loi de succession* portant que la femme n'hériterait de la couronne qu'au défaut de *tout héritier mâle* même *de degré supérieur*, 1712. L'ancien mode de succession se nommait *succession castillane*.

1746-59. Ferdinand VI, fils de Philippe V du pre-

mier lit, aimait la paix, et après la bataille de *Rottofredo* il retira son contigent de l'Italie; mais après avoir stipulé *Parme pour son frère Philippe*. Son règne est une des heureuses époques de l'Espagne. *Ensenada*, son habile ministre, encouragea le commerce, l'industrie, l'agriculture, perça des routes, creusa des canaux, améliora finances, atténua la dette et laissa 70 millions dans les les coffres. Ensenada était le chef du *parti français*; les chefs du *parti anglo-autrichien*, *Carvajal* et *Wall* le renversèrent. Le roi tenait assez exactement la balance entre les deux partis, prenant conseil des temps; à la fin de son règne, il inclina vers l'Autriche. Outre ses ministres, le célèbre chanteur *Farinelli* avait sur lui un grand pouvoir, il en usa bien. Ferdinand adorait sa femme *Barbe de Portugal*, le chagrin le tua.

1759-88. Charles III, son frère, l'*ex-duc de Parme*, le *vainqueur de Bitonto*, alors *régnant à Naples*, laissa les 2 Siciles à son 3e fils, *Ferdinand IV* ou Ier (*tige des Bourbons de Naples*). Mais il dirigea longtemps les affaires de ce royaume. En Espagne il prit pour premier ministre *Squillace*, la *reine mère* revint à la cour, *Ensenada* sortit d'exil; malgré Squillace le système français triompha. C'était pendant *la guerre de sept ans*. Le fameux *pacte de famille* unit *Louis XV* et Charles III, 1761. Les *Anglais* prirent la *Havane* et *Manille* à l'Espagne, 1762, qui prit au Portugal la *colonie du Saint-Sacrement*. Tout fut rendu à la *paix de Paris*, 63, mais l'Espagne dut céder la *Floride* à l'Angleterre: la France en revanche lui abandonna la *Louisiane*. Bientôt *Aranda* devint ministre, 66-78; finances, marine, agronomie, écoles, il améliora tout; *Campomanès*, *Olavidè* le secondèrent (ce dernier défricha la *Sierra-Morena*, au moyen de *colons étrangers*, tant *artisans* qu'*agricoles*). Aranda fit moins bien peut-être en touchant aux affaires religieuses et en chassant les *Jésuites* comme ils l'avaient été de France. Plein de ce succès, il se trouva face à face de l'Inquisition, et prétendit limiter son pouvoir, il tomba; on l'envoya ambassadeur à Paris; *Florida-Blanca* reçut son portefeuille. Pendant ce temps, les Anglais après un vif débat s'étaient fait céder les *îles Falkland*, 1710-74. Aussi l'Espagne appuya-t-elle comme la France la *révolte des Etats-Unis;* elle enleva la *Floride occidentale*, *Minorque*, mais fit en vain le *siége de Gibraltar*, 81 et 82. La Floride et Minorque lui restèrent par la *Paix de Paris*, 83 ; mais quel fatal exemple donné aux colonies !

1788-1808. CHARLES IV, fils de Charles III, fut seul en Europe à faire de vrais *efforts pour sauver Louis XVI*, 1793, et pour venger sa mort prit part à la *première coalition*. Mais la guerre qui avait commencé par l'*invasion du Roussillon* devint bientôt défensive : les Français prirent *Roses*, *Bilbao*, *Vitoria*, et le favori *Godoï* signa le *traité de Bâle*, qui valut à la France la *partie espagnole de Saint-Domingue*, et à lui-même le titre de *prince de la Paix*, 1795. Puis l'*influence française* fut toute-puissante à la cour : alliée à la France, l'Espagne déclara la *guerre à l'Angleterre*, 96, et perdit la *bataille de Saint-Vincent* et l'*île de la Trinité*, 97. En 1801 *Bonaparte* la força d'envahir le Portugal, et en lui faisant obtenir *Olivenza* lui reprit la *Louisiane*. En 1803, il exigea un *tribut de* 50 millions *par an* pour lui permettre la *neutralité* à l'égard de l'Angleterre. La neutralité n'en fut pas moins rompue en 1804, et les flottes espagnole et française anéanties par *Nelson* à *Trafalgar*, 1805. De là, en 1806, quelque envie de faire une *diversion en faveur de la Prusse*, en guerre avec *Napoléon*. Napoléon, vainqueur à *Iéna*, n'en fut que plus impérieux : il dépouilla les *Bourbons de Naples*, ôta le *royaume d'Étrurie* à l'*ex-duc de Parme* par le *traité de Fontainebleau*. Charles consentit à conquérir, de moitié avec la France, le Portugal, qu'on démembrerait en *royaume de Lusitanie* pour le roi d'Étrurie, et *principauté des Algarves* pour Godoï, 1807. Des *corps d'élite espagnols* allèrent agir en *Danemarck* pour Napoléon, et 80 mille Français filèrent vers les Pyrénées. Ainsi traînée à la remorque de la France, l'Espagne gémissait et s'indignait ; Godoï et la reine

Marie-Louise étaient abhorrés ; l'opinion leur opposait le jeune *prince des Asturies, Ferdinand,* qui fut bientôt suspect et odieux à son père. La perfide *diplomatie de Napoléon* envenima ces haines mutuelles ; les deux princes avaient le tort de briguer à l'envi son appui, et quand il eut *glissé ses troupes* jusque près de Madrid, levant un peu le masque, il demanda le *pays au nord de l'Ebre.* Le roi et Godoï comprirent alors : ils voulurent s'enfuir au Mexique ; une émeute éclata dans Aranjuez, et Charles abdiqua en faveur de FERDINAND VII. Napoléon ne se prononça point; mais leurrant et le fils et le père d'équivoques espérances, et feignant de se rendre en Espagne, il attira la malheureuse famille à *Bayonne,* exigea des deux princes l'*abdication*, les envoya captifs, le premier à *Valençai,* le second à *Fontainebleau,* et nomma roi d'Espagne son frère *Joseph.*

1808-1813. JOSEPH ne régna point véritablement sur l'Espagne ; au moment même où il arrivait à Madrid, *Dupont*, cerné par *Castanos*, capitulait à *Baylen;* Junot perdait le Portugal, si important pour la conquête de l'Espagne ; partout des juntes, et *junte centrale* à Séville Napoléon en personne vint alors : il eut des succès, reprit Madrid, cerna dans la Corogne les Anglais qui venaient du Portugal comme auxiliaires de l'*indépendance espagnole*, et les chassa, 1808 et 9. Mais d'autres revinrent ; *Wellington* battit Joseph à *Talaveira;* l'héroïque défense de *Saragosse*, bien que prise enfin, engendrait des milliers de défenseurs ; des bandes dites *guérillas* faisaient la *guerre de partisans*, et causaient un mal énorme aux Français. Mina surtout se distingua dans cette carrière. Les *cortès*, succédant aux juntes, rédigeaient leur *constitution trop démocratique.* Enfin pourtant l'immensité des forces françaises l'eût emporté, 1810-12. Séville, Jaen, Cordoue, Malaga étaient tombés ; Wellington, souvent réduit à la défensive, ruinait le pays pour ruiner les Français, et en vain restait vainqueur à *Sabugal; Suchet*, après la *bataille de Murviedro*, avait soumis le royaume de Valence; Cadix allait se rendre.

Tout à coup Napoléon s'élance et se perd en Russie ; Wellington gagne la *victoire de Salamanque*, et Joseph évacue Madrid, 1812. Soult est appelé en Allemagne; Wellington bat *Jourdan* à Vitoria, et Suchet lui-même se retire de Valence, nord de l'Ebre, 1813.

1813-1833. FERDINAND VII ne se montra peut-être pas digne du sublime mouvement qui éclatait en sa faveur : il crut fléchir son persécuteur en lui demandant la main d'une *princesse impériale!* Napoléon ne le laissa libre que le 3 mars 1814. Il ne fut plus question de Charles IV, qui mourut à Rome en 1819. Reçu avec ivresse, Ferdinand, après avoir aboli la *Constitution des cortès*, prit quelques bonnes mesures. Mais les *colonies*, qui en 1810 ont refusé obéissance et à *Napoléon* et à la *junte sévillane*, se révoltent les unes après les autres, à commencer par *Venezuela* sous *Bolivar*, 1815; une *réaction* trop vive attaque les *Josefinos* et *Afrancesados*. Ceux-ci s'unissent aux *adhérents des cortès*, imbus d'idées hardies et nouvelles, et prennent comme en France le titre de *libéraux*, nommant *serviles* leurs adversaires. Dès lors ils luttent contre les factions. *Porlier* et *Lacy* en 1817, *Vidal* en 1819, meurent en complotant pour le libéralisme. Mais en 1820 *Quiroga* et *Riégo*, faisant révolter l'*armée de l'île de Léon* destinée aux colonies, proclament la *constitution de* 1812, et Ferdinand trahi la jure, réunit les cortès, et bientôt prend tout pouvoir, non sans que ses amis résistent (*junte apostolique*, 1820; *armée de la Foi*, 21; *révolte de la garde royale* à Madrid pour *le roi absolu*, et *guerre civile du Trappiste* contre l'*Empecinado*, 22). Enfin la France, d'après les décisions du *congrès de Laybach*, intervient : en vain les cortès tentent d'animer le peuple, traînent le roi à Cadix : reçu à bras ouverts et vainqueur au *Trocadero*, le *duc d'Angoulême* rend à Ferdinand la liberté, le trône. Mais ni la sage *ordonnance d'Andujar* donnée par le duc, ni les troupes françaises qu'il laisse en Espagne, 1823-7, ne peuvent mettre fin à l'exaspération des partis; grâce à l'*influence britannique*, les *colonies* sont définitivement *perdues*, 1821-6; l'*énorme dette* va croissant, bien qu'on *ne paie pas l'emprunt des Cortès*, et le trésor ne vit plus que d'*expédients* et d'*emprunts onéreux ;* quoique Ferdinand ait fait fusiller Riégo et soit cruel pour les libéraux, les *Apostoliques* le disent captif des *Francs-Maçons*, *Carbonari* et autres *Negros*, et la *junte de Manresa* proclame Charles V (*don Carlos*) son frère. Ferdinand met à mort leurs chefs, *Abreu*, 1827, et *Suez*, 28; épouse en 4es noces *Christine de Naples*, 29, et abolissant le *statut de succession de 1712*, déclare sa fille héritière, 30. Alors on compte trois partis : les *Apostoliques*, les *Christinos* unis aux *Libéraux*, les *Fernandos ;* du vivant de Ferdinand on se dispute sa succession ; le ministre *Calomarde* arrache à son agonie un *acte qui annule l'abolition du statut de* 1712, 1832 ; on dit le roi mort, et Charles est derechef proclamé. Mais Ferdinand revient à la vie, chasse Calomarde pour *Zéa*, exile *Charles*, refait l'acte pour *Isabelle II*, se montre doux aux libéraux, sans réunir, à la voix de Christine, les Cortès pour valider son décret, et meurt en 1833.

1833. Isabelle II sa fille, née en 1830, succède au milieu de l'agitation la plus vive ; *Christine* est régente. Les *Apostoliques*, dits *Carlistes*, ne reconnaissent que *Charles V*, et prennent les armes à *Bilbao*, en *Navarre*, etc., sous *Zumala-Carregui*, et après sa mort sous d'autres chefs. Quoiqu'ils aient souvent des succès, qu'ils menacent Madrid et courent dans le royaume de Valence, l'appui un peu tiède de l'Angleterre et de la France, le concours des libéraux, très exigeants du reste, et qui outre les Cortès se font donner une *constitution* voisine de celle de 1812, les tiennent ou les ramènent en général au nord de l'Ebre, 1834-38 ; puis la trahison de *Maroto* et la victoire d'*Espartero* conservent le trône à Isabelle, et en vain un dernier rebelle, *Cabrera*, essaie de l'en faire tomber : vaincu, il cherche asile en France, juillet 1840. Le triomphe d'Isabelle II semble certain. Mais qui lui donnera un époux, l'Autriche, la France ou l'Angleterre ? On ne le sait point encore.

FIN.

www.ingramcontent.com/pod-product-compliance
Ingram Content Group UK Ltd.
Pitfield, Milton Keynes, MK11 3LW, UK
UKHW031056260726
13965UKWH00006B/1418